MICHEL MONTIGNAC

MONTIGNAC REZEPTE UND MENÜS

oder
Die feine Küche
nach der Montignac-Methode

ARTULEN VERLAG GMBH
Luisenstraße 4
77654 Offenburg
DEUTSCHLAND
Telefon: 0781 9481883
Fax: 0781 9481782
E-Mail: post@artulen-verlag.de
Internet: www.montignac.de

Zehnte deutsche
überarbeitete Auflage 2004

Über die MONTIGNAC-METHODE
sind folgende Bücher erschienen:

- Die Montignac-Methode
  (Michel Montignac)
- Die Montignac-Methode für Einsteiger
  (Hans Finck und Michel Montignac)
- Essen gehen und dabei abnehmen
  (Michel Montignac)
- Ich esse, um abzunehmen nach dem GLYX
  (Michel Montignac)
- Jung bleiben durch eine gesunde Ernährung
  (Michel Montignac)
- Kochen, essen und dabei abnehmen Band 1
  (Michel Montignac)
- Kochen, essen und dabei abnehmen Band 2
  (Michel Montignac)
- Meine Rezepte aus der Provence
  (Michel Montignac)
- Montignac Rezepte und Menüs
  (Michel Montignac)
- Satt & Schlank
  (Gabriele Lehner)
- Schlank & Schnell
  (Ria Tummers)

Titelfoto:
Grand-Marnier-Creme
→ Rezept Seite 262

Vom selben Autor sind folgende
zusätzliche Werke erschienen:

- Gesund mit Schokolade
  (Michel Montignac)
- Jeden Tag Wein
  (Michel Montignac)

Die Originalausgabe erschien unter
dem Titel *Recettes et Menus Montignac*.

Lektorat: Regine Schmidt, Angela Strzeletz
Titelfoto und Inhaltfotos: Ydo Sol
Layout: Rotation Verlagsservice, Berlin
Druck & Bindung: Westermann Druck
Gedruckt auf umweltfreundlichem Papier

Internationale Ausgaben:

Frankreich:

- Comment maigrir en faisant des repas d'affaires
- Je mange donc je maigris!
- La méthode Montignac: Spécial Femme
- Mettez un turbo dans votre assiette!
- Recettes et Menus Montignac
- Je cuisine Montignac (Band I und II)
- Restez jeune en mangeant mieux
- Boire du vin pour rester en bonne santé
- La méthode Montignac de A à Z

Weitere internationale Ausgaben sind
in folgenden Ländern erschienen:

- Finnland
- Großbritannien
- Italien
- Island
- Israel
- Kanada
- Kroatien
- Lettland
- Niederlande
- Polen
- Portugal
- Rumänien
- Russland
- Schweden
- Spanien
- Türkei
- USA

ISBN 3-930989-00-X

MICHEL MONTIGNAC

MONTIGNAC REZEPTE UND MENÜS

oder Die feine Küche nach der Montignac-Methode

Aus dem Französischen von Liane Schumpa

ARTULEN VERLAG

DANKSAGUNGEN

Dieses Buch hat die Mitarbeit von Fachleuten erforderlich gemacht, die uns mit ihrem Know-how hilfreich zur Seite standen.

Mein besonderer Dank gilt deshalb:

Christiane CRABÉ, Köchin;
Claire GOFFART, Ernährungswissenschaftlerin;
Françoise MATHEY, Köchin;
Dr. Hervé ROBERT, Arzt für Ernährung;
Guy SANTORO, Chefkoch, und seinem Team des Restaurants „Le Palmyre“ in Cannes.

EINLEITUNG

Seit den ersten Veröffentlichungen von *„Comment maigrir en faisant des repas d'affaires"* (Essen gehen und dabei abnehmen) und „Je mange donc je maigris!" (Ich esse, um abzunehmen) wurden von Seiten der Leser Forderungen nach einem Buch über Rezepte und Menüs laut. Ich habe lange gezögert, ein derartiges Buch zu schreiben, da ich es nicht für zwingend notwendig hielt. Außerdem kamen mir dabei sogar Bedenken, da die von mir empfohlene Ernährungsmethode nicht auf Einschränkungen beruht, wie es bei einer herkömmlichen Diät der Fall ist, sondern auf der richtigen Auswahl. Diese Methode bedeutet eine Umstellung der Ernährungsgewohnheiten mit der Zielsetzung, Fettleibigkeit zu vermeiden (und sogar endgültig zum Verschwinden zu bringen), Herz-Kreislauf-Risiken vorzubeugen und die Vitalität wiederherzustellen.

Dies gelingt jedoch nur, wenn man versteht, um was es geht und wenn man sich bewusst macht,

- dass Fettleibigkeit weniger auf eine zu reichhaltige Ernährung zurückzuführen ist als auf schlechte Ernährungsgewohnheiten, bei denen vor allem raffinierte Produkte und Lebensmittel, die keine Nährstoffe mehr enthalten, im Vordergrund stehen,
- dass die herkömmliche Ernährungslehre, die die Kalorienreduktion zugrunde legt, nicht nur falsch und wirkungslos, sondern auch gefährlich ist, wie Dr. Hervé Robert bestätigt: „Sie ist bestimmt der größte wissenschaftliche Makel des zwanzigsten Jahrhunderts",
- dass das Wichtige an der Nahrung der Gehalt an Nährstoffen – Ballaststoffe, Vitamine, Mineralsalze, Spurenelemente und essentielle Fettsäuren – ist. Allerdings sind gerade diese lebensnotwendigen Nährstoffe in der heutigen Nahrung nicht mehr vorhanden.

Außerdem ist es notwendig, dass man die grundlegende Arbeitsweise des Stoffwechsels und des Verdauungsapparates versteht.

Schließlich sollte man in der Lage sein, Lebensmittel nach ihrer Zugehörigkeit und Stoffwechselwirkung einzuteilen.

Die herkömmliche Ernährungslehre empfiehlt unsinnigerweise Listen mit bestimmten Gerichten, die eventuell zu einer Gewichtsabnahme führen. Dieser Gewichtsverlust ist jedoch bekanntlich nur vorübergehender Natur und demzufolge illusorisch. Ich hingegen rate dazu, Lebensmittel nach der persönlichen Zielsetzung (Gewichtsabnahme, Vitalität, ...) und dem vorhandenen Angebot (im Restaurant, Geschäft oder bei sich zu Hause) auszuwählen.

Wenn man also die Prinzipien der von mir empfohlenen Ernährungsmethode verstanden hat, benötigt man weder Listen mit bestimmten Gerichten noch spezielle Rezepte. Man ist dann in jeder gesellschaftlichen, beruflichen oder familiären Situation in der Lage, die richtige Auswahl zu treffen und die Gerichte entsprechend zusammenzustellen.

Ich bin immer bestürzt, wenn ich Leute treffe, die behaupten, durch die „Montignac-Diät“ beträchtlich an Gewicht verloren zu haben und die sich darüber wundern, dass sie sämtliche verlorenen Pfunde nach und nach wieder zugenommen haben. Es handelt sich dabei ausnahmslos um Personen, die zeitweise einige Prinzipien der Methode angewendet haben, ohne sich wirklich bewusst gemacht zu haben, dass ein dauerhafter Erfolg nicht durch den permanenten Verzicht auf irgendwelche Lebensmittel erzielt wird, sondern durch eine konsequente Umstellung der Ernährung. Sobald man in seine alten Ernährungsgewohnheiten zurückfällt, kommt es automatisch zu einer erneuten Gewichtszunahme (gleiche Ursache – gleiche Wirkung).

Deshalb habe ich sehr schnell die Erstellung von Resümees oder anderen „Digests“ aufgegeben, da ohne nähere Erklärungen nur zufallsbedingte und vorübergehende Erfolge erzielt werden.

Wer sich nicht damit zufrieden gibt, eine Gewichtsabnahme mit Hilfe einiger Prinzipien herbeizuführen, sondern sich stattdessen darum bemüht, die Methode hinsichtlich ihrer Ernährungsphilosophie richtig zu verstehen, erzielt nicht nur den erhofften dauerhaften Erfolg, sondern entdeckt auch eine unerschöpfliche Quelle der Gesundheit und des Wohlbefindens.

Für diese Leute habe ich dieses Buch geschrieben, damit sie ihre bereits erworbenen Sachkenntnisse vertiefen können.

Wer sich noch nicht mit den Grundlagen der „Montignac-Methode" vertraut gemacht hat und dazu neigt, sich lediglich an die Empfehlungen dieses Buches zu halten, sollte meinen Rat befolgen und sich zunächst die Prinzipien der Methode durch die Lektüre der letzten Bücher[1] aneignen. Nur unter dieser Voraussetzung lässt sich aus dem Inhalt dieses Buches ein Nutzen ziehen.

Selbst wenn man fähig ist, die richtige Auswahl der Lebensmittel zu treffen, nachdem man die Prinzipien der Methode vollkommen verstanden hat, ist es trotzdem nicht immer einfach, aus einem herkömmlichen Rezept ein „Montignac-Rezept" zu machen. Dennoch haben wir in diesem Buch den Versuch mit Unterstützung von Fachleuten unternommen.

Außerdem soll der Leser darüber aufgeklärt werden, dass Essen nicht nur bedeutet, seinen Hunger zu stillen oder seine Esslust zu befriedigen. Die Nahrung, die wir zu uns nehmen, muss auch sämtliche Nährstoffe liefern, die unser Organismus benötigt, um gesund zu bleiben.

Die westliche Welt ist sich seit kurzem bewusst, dass in einem Großteil der industriell gefertigten Nahrungsmittel keine Nährstoffe mehr enthalten sind.

Deshalb empfiehlt die Pharmaindustrie die Einnahme von Zusatzpräparaten in Form von Tabletten oder Kapseln. Da dies ein lukratives Geschäft darstellt, ist sie auch nicht an einer Umstellung der Ernährungsgewohnheiten interessiert.

1 Die Montignac-Methode für Einsteiger, Artulen Verlag
Die Montignac-Methode, Artulen Verlag

Man sollte jedoch wissen, dass diese synthetischen Präparate – vom hohen Preis abgesehen – vom menschlichen Organismus schlechter aufgenommen werden. In der natürlichen Nahrung scheinen weitere Stoffe enthalten zu sein, die die Wirkung der Nährstoffe erhöhen, selbst wenn die vorhandene Menge äußerst gering ist.

Wenn entsprechend der Methode ballaststoffreiche Nahrung bevorzugt wird - wie es bei den Rezepten in diesem Buch der Fall ist - führt dies automatisch zu dem Verzehr natürlicher Lebensmittel, die reich an Grundnährstoffen (Vitamine, Mineralsalze, Spurenelemente, ...) sind.

Doch es ist nicht nur wichtig, Lebensmittel nach ihren Ernährungseigenschaften auszuwählen, sondern man sollte auch über ihre richtige Aufbewahrung Bescheid wissen und bei ihrer Zubereitung einige Regeln beachten. Es empfiehlt sich jedenfalls, bestimmte Fehler zu vermeiden, die zu einem bedauerlichen Nährstoffverlust führen könnten.

Schließlich ist noch zu erwähnen, dass in diesem Buch die feine Küche miteinbezogen wurde.

Auch wenn die französische Kochkunst, die ihren Ursprung in der regionalen Küche hat, Feinschmecker stets in Begeisterung versetzte, so brachte sie doch die Ernährungswissenschaftler zur Verzweiflung, die sich der Kalorienreduktion verschrieben hatten. Denn diese Kalorienbesessenen behaupteten stets, dass die Vorliebe für gutes Essen zu verurteilen ist, da sie eine zu reichhaltige Nahrungszufuhr zur Folge hat.

Fundierte wissenschaftliche Untersuchungen der letzten Jahre haben jedoch das Gegenteil bewiesen, womit ihre Behauptung nachdrücklich widerlegt wurde.

Somit ist der Beweis erbracht, dass die Franzosen durch ihre herkömmliche Ernährungsweise vor einigen Geißeln der Menschheit – wie Fettleibigkeit oder Herz-Kreislauf-Erkrankungen – weitgehend bewahrt wurden, unter denen andere westliche Länder, insbesondere die USA, zu leiden haben.

Seitdem Frankreich in diesem Bereich am besten abgeschnitten hat, wird die französische Ernährungsweise von vielen zum Vorbild genommen.

Dies ist eine gute Nachricht, die alle ermutigen soll, sich mit einer noch größeren Begeisterung ans Kochen zu machen.

KAPITEL 1

ZUSAMMENSETZUNG UND NÄHRSTOFFGEHALT VON LEBENSMITTELN

An der heutigen Ernährung nach nordamerikanischem Muster ist grundsätzlich zweierlei zu bemängeln. Erstens setzt sie sich hauptsächlich aus raffinierten Lebensmitteln (Zucker, Weißmehl, ...) zusammen, die keine Grundnährstoffe mehr enthalten, oder aus solchen Lebensmitteln, bei denen diese Grundnährstoffe entweder von Natur aus fehlen oder beim Erhitzen weitgehend zerstört werden, wie es zum Beispiel bei der Kartoffel der Fall ist.

Zweitens besteht überhaupt keine Nahrungsvielfalt, so dass der Verbraucher gezwungen ist, immer das Gleiche zu essen. Dadurch kommt es zu einem Mangel an Vitaminen, Mineralsalzen und Spurenelementen.

Außerdem gerät die Bedeutung des Geschmacks und der Gaumenfreude, die als Maßstab für unsere kulturelle Entwicklungsstufe gilt, immer mehr in Vergessenheit.

Der zunehmende Einsatz von chemischen Stoffen in der Nahrungsmittelindustrie gefährdet nicht nur das Fortbestehen unserer Gattung, sondern bedeutet auch das Ende unserer Evolution.

Deshalb ist es wichtig, an der französischen Kochtradition festzuhalten, zumal die Wissenschaft ihre fast ausnahmslos guten Ernährungseigenschaften nachgewiesen hat.

EINTEILUNG DER LEBENSMITTEL

Es ist unnötig, an dieser Stelle Elementarwissen zu wiederholen, das in den ersten Werken zur Montignac Methode ausführlich behandelt wurde. Ich möchte lediglich einige grundlegende Dinge noch einmal aufgreifen.

Lebensmittel setzen sich aus zwei Arten von Nährstoffen zusammen:

- **energetische Nährstoffe,** die als Energielieferant und als Rohstoff für zahlreiche Synthesen dienen, die beim Aufbau und Wiederaufbau von lebendem Gewebe ablaufen. Dazu zählen:
  - Proteine
  - Kohlenhydrate
  - Lipide

- **nicht energetische Nährstoffe,** die für die Assimilation und den Stoffwechsel der energetischen Nährstoffe benötigt werden. Einige dienen bei unzähligen chemischen Reaktionen als Katalysator. Dazu gehören:
  - Ballaststoffe
  - Wasser
  - Vitamine
  - Mineralsalze
  - Spurenelemente

Die herkömmliche Ernährungslehre, deren Aussagen sich seit dreißig Jahren überhaupt nicht geändert haben, empfiehlt angeblich eine ausgewogene Ernährung. Jede Mahlzeit soll aus 15 % Proteinen, 55 % Kohlenhydraten und 30 % Lipiden bestehen.

Seit einiger Zeit geht man jedoch davon aus, dass diese Einteilung unzureichend ist, da es zu jeder dieser Gruppen Untergruppen gibt, deren Ernährungseigenschaften völlig unterschiedlich sind.

Kohlenhydrate werden nach ihrem glykämischen Index (GI/GLYX) in drei Gruppen eingeteilt:

- Kohlenhydrate mit einem **hohen** glykämischen Index (schlechte Kohlenhydrate GI über 50), die sich negativ auf den Stoffwechsel auswirken und indirekt Müdigkeit und Fettleibigkeit auslösen können.
- Kohlenhydrate mit einem **niedrigen** glykämischen Index (gute Kohlenhydrate GI 35-50), die nur geringe negative Auswirkungen auf den Stoffwechsel haben.

- Kohlenhydrate mit einem **sehr niedrigen** glykämischen Index (sehr gute Kohlenhydrate GI unter 35), die fast keine oder nur geringe Auswirkungen auf den Stoffwechsel haben, und die im Allgemeinen einen hohen Gehalt an Grundnährstoffen (Vitamine, Mineralsalze, Spurenelemente) aufweisen.

Es ist ebenfalls unzureichend und bedenklich, von Lipiden (Fetten) im Allgemeinen zu sprechen. Man weiß inzwischen, dass es „gute“ Lipide gibt, die eine Senkung des Cholesterinspiegels bewirken (Fisch, Olivenöl, Gänsefett, ...), und „schlechte“ Lipide, die die Fettablagerung an den Gefäßwänden begünstigen (Butter, Rinder-, Hammel-, Schweinefett, ...).

Bei Proteinen muss man unterscheiden, ob sie tierischen oder pflanzlichen Ursprungs sind, da sie miteinander kombiniert werden müssen.

Es ist somit unsinnig, von einer ausgewogenen Ernährung zu sprechen, ohne eine Differenzierung der Nährstoffe vorzunehmen.

Doch die herkömmliche Ernährungslehre, die – gefolgt von der Nahrungsmittelindustrie – damit viel Geld verdient, hält mit Unterstützung der Medien beharrlich daran fest.

Außerdem ist es bedauerlich, dass führende französische Köpfe ihr „Gehalt“ durch Geschäfte mit Fertiggerichten aufbessern, deren Nährwert mehr als zweifelhaft ist, da sie nach der herkömmlichen diätetischen Auffassung hergestellt werden.

Zudem weiß man inzwischen, dass nichtenergetische Nährstoffe eine entscheidende Rolle spielen, da sie nicht nur für einen problemlosen Ablauf der Stoffwechselvorgänge sorgen, sondern auch eine optimale Vitalität und Gesundheit des Organismus gewährleisten.

Deshalb sollte beim Einkauf, bei der Aufbewahrung und Zubereitung von Lebensmitteln auf den Nährstoffgehalt geachtet werden.

Folgende allgemeine Informationen dienen der richtigen Auswahl der Lebensmittel.

Empfohlene tägliche Zufuhr an Mikronährstoffen für einen gesunden Erwachsenen

• Kalium	3 000 mg
• Kalzium	800 bis 1 000 mg
• Phosphor	800 bis 1 000 mg
• Magnesium	350 mg
• Natrium	4 000 mg
• Eisen	20 mg
• Kupfer	3 mg
• Zink	15 mg
• Mangan	12 mg
• Fluor	1 mg

• Provitamin A (Beta-Carotin)	6 mg
• Vitamin A	1 mg
• Vitamin B1	1,5 mg
• Vitamin B2	1,8 mg
• Vitamin B5	10 mg
• Vitamin B6	2,2 mg
• Vitamin B9	400 µg
• Vitamin C	100 mg
• Vitamin D2	10 µg
• Vitamin E	15 mg
• Vitamin PP	18 mg

Nährstoffreiche Lebensmittel

In einigen Lebensmitteln ist ein bestimmter Nährstoff in einer größeren Menge vorhanden als in anderen. Es folgt nun eine Liste, die Aufschluss darüber gibt:

Lebensmittel, die reich an Beta-Carotin (Provitamin A) sind

Antioxidationsmittel, das freie Radikale unschädlich macht (freie Radikale beschleunigen den Alterungsprozess und begünstigen Herz-Kreislauf-Erkrankungen und Krebs).

- Kresse
- Spinat
- Mango
- Melone
- Aprikose
- Brokkoli

Sämtliche farbintensiven Obst- und Gemüsesorten enthalten Beta-Carotin.

Lebensmittel, die reich an Vitamin E sind

Antioxidationsmittel, das freie Radikale unschädlich macht:

- Weizenkeime
- sämtliche pflanzlichen Öle
- Margarinen
- Ölfrüchte
- Rohgetreide
- Schokolade

Lebensmittel, die reich an Folsäure (Vitamin B9) sind

Ein Mangel an Folsäure ist bei Schwangeren und älteren Menschen gefährlich:

- Bierhefe
- Leber
- Austern
- Soja
- frisches Gemüse
- Hülsenfrüchte
- Vollkornbrot

Lebensmittel, die reich an Vitamin C (Ascorbinsäure) sind

Antioxidationsmittel, das freie Radikale unschädlich macht und das Immunsystem stärkt. Bei Rauchern besteht ein erhöhter Bedarf:

- Schwarze Johannisbeere
- Petersilie
- Kiwi
- Zitrone
- Brokkoli
- Obst und Gemüse (vor allem roh)

Vitamin C ist sehr empfindlich; es oxidiert an der Luft und wird durch Erhitzen zerstört.

Spuren-elemente/ Mineralsalze	Funktionen	Vorkommen
Kalzium	Notwendig für die Bildung von Knochen und Zähnen. Schützt bei ausreichender Zufuhr vor Osteoporose.	Käse Milchprodukte (auch Magermilchprodukte) Bierhefe Sardinen (mit Gräten) Eier Trockenobst, Trockenpflaumen kalkhaltiges Wasser
Magnesium	Reguliert die Muskelkontraktion. Wirkt nervenausgleichend und schützt dadurch vor Stress.	Strandschnecken Weizenkleie Kakaopulver Schokolade Soja Ölfrüchte Hülsenfrüchte Vollkornbrot
Eisen	Notwendig für die Aufrechterhaltung des Immunsystems. Ein Mangel begünstigt Anämie, Müdigkeit und Infektionen. Eisen tierischen Ursprungs wird vom Darm viel besser absorbiert als Eisen pflanzlicher Herkunft.	Blutwurst (einmal in der Woche verzehren, liefert den wöchentlichen Eisenbedarf) Muscheln Rind-, Pferde-, Hammelfleisch Leber Kakaopulver Bierhefe
Zink	Steuert über das Insulin die Absorption der Kohlenhydrate. Antioxidationsmittel, aktiviert das Immunsystem.	Austern Hülsenfrüchte Entenleber Bierhefe
Selen	Antioxidationsmittel, das freie Radikale unschädlich macht.	Austern Hühnerleber Hummer Schwein, Rind Fisch Eier Champignons Zwiebeln Vollkornbrot

Spuren-elemente Mineralsalze	Funktionen	Vorkommen
Chrom	Verbessert den Kohlenhydrat-stoffwechsel und bekämpft Hyperinsulinismus. Bei Fettleibigen und Diabetikern besteht ein erhöhter Bedarf.	Eigelb Bierhefe Obst- und Gemüseschale Getreidekeime Innereien Champignons Austern
Kalium	Reguliert die Zelldurchlässigkeit.	Bierhefe Getrocknete Aprikosen Hülsenfrüchte Trockenpflaumen Datteln Mandeln, Haselnüsse Champignons Bananen Schokolade
Fluor	Schützt Knochen, Bänder und Zähne.	Tee Makrelen Ölsardinen Mineralwasser

TIPPS ZUR ERHALTUNG DER VITAMINE

- Absolut frische Produkte den Lebensmitteln vorziehen, die bereits einige Tage gelagert wurden.
- Gemüse möglichst täglich frisch auf dem Markt oder beim Gemüsehändler nebenan kaufen.
- Bei der Zubereitung so wenig Wasser wie möglich verwenden (beim Waschen oder Einweichen).
- Rohes Obst und Gemüse bevorzugen (außer bei Verdauungsproblemen).
- So wenig wie möglich schälen und reiben.
- Lange Kochzeiten vermeiden.

- Mahlzeiten nicht zu lange warm halten.
- Kochwasser für eine Suppe verwenden, da es wasserlösliche Vitamine enthält.
- Gemüse lieber dämpfen als in Wasser kochen.
- Essensreste vermeiden, die in den Kühlschrank wandern und am nächsten Tag aufgewärmt werden.
- Auf Qualität achten und zum Beispiel Produkte aus biologischem Anbau bevorzugen.
- Beim Grillen und Braten von Fleisch werden die Vitamine geschont.
- Tiefkühlkost enthält mehr Vitamine als Konservennahrung.
- Milch nicht dem Licht aussetzen.

ZUBEREITUNG, SAUCEN UND WÜRZMITTEL

Zubereitung:

- Anstatt Fett zu verwenden, sollten die Mahlzeiten lieber gedämpft, geschmort, gegrillt oder in Alufolie oder einem Sud zubereitet werden;
- Pfannen mit Antihaftbeschichtung bevorzugen, keinen horizontalen Grill benutzen;
- Frittiertes vom Speiseplan streichen;
- keine Butter und kein Palmöl verwenden;
- bei Bedarf auf Olivenöl, Sonnenblumenmargarine oder Gänseschmalz zurückgreifen;
- Schnellkochtopf bevorzugen;
- nach dem gegenwärtigen Stand der Dinge soll die Mikrowelle keine Schäden hervorrufen und nur eine geringe Veränderung der Lebensmittel bewirken. Trotzdem sollte sie nicht zu häufig verwendet werden.

Saucen:

- Einige Saucen machen die Mahlzeiten zu fett, so dass die Verdauung länger dauert (4 bis 5 Stunden).

- Am besten Bratenflüssigkeit verwenden (vorher das Fett daraus entfernen), die mit einem Esslöffel fettarmer Crème fraîche[1] oder einem Joghurt verfeinert werden kann.
- Um auch ohne Mehl eine sämige Sauce zu erhalten, können pürierte Champignons (die zuvor gekocht wurden) untergerührt oder ein Eigelb hinzugefügt werden (Schmorbraten, Wildragout, Frikassee, ...).
- Gemüse kann mit etwas frischer Butter oder einem Schuss Olivenöl serviert werden.
- Gelegentlich darf eine Sauce Béarnaise oder eine Mayonnaise auf dem Speiseplan stehen; man sollte es jedoch nicht zur Gewohnheit werden lassen.

Würzmittel:

- Selbst eine Salatsauce aus Öl, Essig (oder Zitrone) und Senf herstellen. Fertig-Salatsaucen sollten vom Speiseplan gestrichen werden, da sie mit unerwünschten Zusätzen (Zucker, modifizierte Stärke) versehen sind.
- Man kann auch aus Zitrone und einem Magerjoghurt eine fettlose Salatsauce zubereiten, doch auf pflanzliche Öle (Olivenöl, Sonnenblumenöl, ...) sollte nicht verzichtet werden, da sonst ein Mangel an essentiellen Fettsäuren und Vitamin E entstehen könnte.
- Auch wenn eine salzlose Diät völlig unsinnig ist, sollte trotzdem nicht zu viel Salz verwendet werden.
- Knoblauch nicht vergessen, da dieses Würzmittel zahlreiche positive Eigenschaften besitzt.
- Fade Mahlzeiten vermeiden; mit Gewürzen und Küchenkräutern verfeinern.

EMPFEHLENSWERTE LEBENSMITTEL

Knoblauch

Knoblauch ist eines der ältesten Lebensmittel; man hat ihn bereits in der Antike bevorzugt verzehrt, da er schon damals für seine besonders wohltuende Wirkung bekannt war. Man weiß auch, dass er bei

1 Unter diesem Begriff versteht man Crème fraîche mit niedrigem Fettgehalt.

den Arbeitern des Pyramidenbaus täglich auf dem Speiseplan stand. Heute wird Knoblauch nur noch als reines Würzmittel angesehen; seine außergewöhnlichen Eigenschaften werden verkannt.

Knoblauch enthält verschiedene Substanzen, deren wohltuende Wirkung auf die Gesundheit nachgewiesen werden konnte. Das darin enthaltene Allicin wirkt gegen Amöben und sorgt für eine gute Aggregation der Blutplättchen (wichtigste Phase bei der Blutgerinnung).

Durch die blutgerinnungshemmenden Eigenschaften des Knoblauchs wird zudem die Durchblutung gefördert und demzufolge der Entstehung von Thrombosen vorgebeugt, die häufig für Herz-Kreislauf-Erkrankungen verantwortlich sind.

Weitere Untersuchungen haben gezeigt, dass der Verzehr von Knoblauch eine Senkung des Blutzuckerspiegels, der Triglyzeride und des LDL-Cholesterins bewirkt. Außerdem kommt es nicht zuletzt durch seine harntreibende Wirkung zu einer Verbesserung des Bluthochdrucks.

Fisch

Fisch ist - genauso wie Fleisch - ein ausgezeichneter Eiweißlieferant. Außerdem enthält er - im Gegensatz zu Fleisch - „gute Fette", die Herz-Kreislauf-Erkrankungen vorbeugen.

Fischfette bewirken eine Senkung der Triglyzeride und eine Erhöhung des „guten Cholesterins" (HDL-Cholesterin).

Man kann also die Behauptung aufstellen – selbst wenn dies erstaunlich klingen sollte -, dass Fisch umso mehr vor Herz-Kreislauf-Erkrankungen schützt, je fetter er ist. Deshalb sollten bevorzugt Lachs, Thunfisch, Makrelen, Hering und Sardinen verzehrt werden.

Joghurt

Viele glauben wahrscheinlich, dass Joghurt ein modernes Lebensmittel ist und demnach auf dem üblichen industriellen Weg hergestellt wird.

Dem ist jedoch nicht so, denn einen nahen Verwandten – die Sauermilch – gibt es schon seit ewigen Zeiten. Der erste richtige Joghurt kam offiziell im achtzehnten Jahrhundert auf. Doch erst 1925 wurde das Wort „Joghurt" in das französische Nachschlagewerk „Larousse" aufgenommen und 1955 – nach der Einführung des bulgarischen Joghurts – standen die Franzosen innerhalb von dreißig Jahren weltweit an zweiter Stelle hinter den Dänen, was den Joghurtverzehr betraf.

Bedauerlicherweise fand dieses Produkt in der modernen feinen Küche keine Verwendung.

Seine geschmacklichen Vorzüge – zumindest bei fachgerechter Herstellung – verdienen auf jeden Fall mehr Aufmerksamkeit. Außerdem zählt Joghurt durch seine Ernährungseigenschaften zu den besonders wohltuenden Lebensmitteln.

Das Besondere an diesem Produkt ist vor allem seine biologische Bedeutung. Es enthält aktive Bakterien, die zu unserer unentbehrlichen Darmflora gehören. Diese Bakterien sind am Verdauungsprozess beteiligt.

Da die moderne Ernährung zu einseitig ist und durch Fleisch aus Massentierhaltung sowie durch Medikamente auch Antibiotika in den menschlichen Körper gelangen, ist diese grundlegende Tätigkeit der Bakterien jedoch nicht mehr gewährleistet.

Zahlreiche wissenschaftliche Arbeiten haben im Übrigen gezeigt, dass der Verzehr von Joghurt nicht nur eine erhöhte Kalziumzufuhr, sondern auch eine deutliche Verbesserung von Verdauungsstörungen und Allergien zur Folge hat. Einige Untersuchungen haben auch eine Erhöhung der Interferon-Produktion nachgewiesen. Dazu muss man wissen, dass diese Substanz ein Grundbestandteil unseres Immunsystems, d.h. unserer Abwehrkräfte, darstellt.

Des Weiteren wurde der Beweis erbracht, dass Joghurt eine Senkung des Cholesterinspiegels bewirkt und sogar einigen Krebsarten vorbeugen kann.

Deshalb sollte dieses Produkt Bestandteil unserer Ernährung sein. Bei einigen Gerichten (siehe Rezeptteil) lässt sich damit eine abwechslungsreiche Variante herstellen.

Olivenöl

Durch seine Ernährungseigenschaften steht Olivenöl bei den guten Fetten an erster Stelle.

Es zählt zu den Lebensmitteln, die die größte wohltuende Wirkung auf die Gesundheit ausüben, da es Polyphenole (stark wirksame Antioxidanzien), Vitamin E und Vitamin A enthält und besonders reich an einfach ungesättigten Fettsäuren ist.

Olivenöl besitzt folgende positive Eigenschaften:

- es verringert das Gesamt-Cholesterin und die Triglyzeride,
- es erhöht das „gute“ Cholesterin (HDL),
- es ermöglicht eine Verbesserung des Bluthochdrucks,
- es bewirkt eine Senkung des Blutzuckerspiegels (indirekt für Fettleibigkeit verantwortlich),
- es macht freie Radikale unschädlich, die den Alterungsprozess beschleunigen und die Entstehung von Krebs begünstigen.

Deshalb empfiehlt es sich, so oft wie möglich Gebrauch davon zu machen. 25 bis 50 % der Fettzufuhr sollte aus Olivenöl bestehen.

Man hat in diesem Zusammenhang festgestellt, dass in den meisten Mittelmeerländern, in denen viel Olivenöl verzehrt wird, äußerst wenig Herz-Kreislauf-Erkrankungen auftreten.

Die Region in der Welt, die die niedrigste Krankheitsrate und die höchste Lebenserwartung aufweist, ist Kreta. Diese Insel steht bei der Produktion und dem Verzehr von Olivenöl weltweit an erster Stelle: Ihr Fettverbrauch besteht zu 60 % aus Olivenöl.

Bierhefe und Weizenkeime

Bekanntlich enthält die heutige Nahrung, die auf industriellem Weg hergestellt und haltbar gemacht wird, zu wenig Grundnährstoffe (Vitamine, Mineralsalze und Spurenelemente).

Deshalb sollte man bei der Auswahl der Lebensmittel besondere Vorsicht walten lassen, insbesondere dann, wenn es sich um die Zutaten für unsere Rezepte handelt.

Trotz dieser Vorsichtsmaßnahmen und unserer Bemühungen um eine ausgewogene Ernährung, wissen wir nie genau, ob wir die richtige Menge an Mikronährstoffen zu uns nehmen.

Wie bereits erwähnt wurde, werden synthetische Zusatzpräparate in Form von Kapseln oder Tabletten schlechter aufgenommen, so dass ihr hoher Preis nicht gerechtfertigt ist.

Es gibt jedoch zwei vollwertige Lebensmittel, die besonders reich an Grundnährstoffen sind: Bierhefe und Weizenkeime. Ich kann nicht oft genug dazu raten, diese Produkte täglich zu sich zu nehmen.

Sie werden in verschiedenen Ausführungen angeboten, doch man sollte sich informieren, um die natürlichste und billigste Sorte herauszufinden und vor allem die Produkte zu meiden, die unerwünschte Zusatzstoffe und sonstige Konservierungsmittel enthalten.[1]

Bierhefe ist zudem sehr chromhaltig, wodurch die Glukoseverträglichkeit verbessert wird. Dies führt zu einer Senkung des Blutzucker- und Insulinspiegels.

In 100 g	Trockenbierhefe	Weizenkeime
Wasser	6 g	11 g
Proteine	42 g	26 g
Kohlenhydrate	19 g	34 g
Lipide	2 g	10 g
Ballaststoffe	22 g	17 g
Kalium	1 800 mg	850 mg
Magnesium	230 mg	260 mg
Phosphor	1 700 mg	1 100 mg
Kalzium	100 mg	70 mg
Eisen	18 mg	9 mg
Beta-Carotin	0,01 mg	0 mg
Vitamin B1	10 mg	2 mg
Vitamin B2	5 mg	0,7 mg
Vitamin B5	12 mg	1,7 mg
Vitamin B6	4 mg	3 mg
Vitamin B12	0,01 mg	0 mg
Folsäure	4 mg	430 mg
Vitamin PP	46 mg	4,5 mg
Vitamin E	0 mg	21 mg

1 den Hausarzt um Rat fragen

KAPITEL 2

LEBENSMITTEL MIT VERKANNTEN ERNÄHRUNGSEIGENSCHAFTEN

Bei der herkömmlichen Ernährungslehre, deren Prinzipien ausschließlich auf Überzeugungen beruhen, sind bestimmte Lebensmittel seit jeher verpönt. Es handelt sich dabei um Wein, Schokolade, Gänseleber und Rohmilchkäse.

Wissenschaftliche Untersuchungen haben jedoch bestätigt – was bereits die Völker der Antike vermutet hatten –, dass gegen den Verzehr dieser Produkte (in Maßen) überhaupt nichts einzuwenden ist und sie zudem außergewöhnliche Ernährungseigenschaften besitzen.

Der traditionellen feinen Küche kam es nie in den Sinn, sie von der Speisekarte zu streichen, da sie stets als besondere Leckerbissen galten. Unsere moderne Ernährungsphilosphie zielt nicht nur darauf ab, die Vorzüge dieser Produkte aufzuzeigen, sondern empfiehlt sie auch als Lebensmittel mit unvergleichlich wohltuenden Eigenschaften.

WEIN

Dr. Maury hatte mit seinen Worten völlig recht: *„Wein hat sich in ein Ghetto einschließen lassen, in das Ghetto alkoholischer Getränke“.*

Fälschlicherweise wurden sämtliche alkoholischen Getränke von der Gesetzgebung und einem Teil der öffentlichen Meinung gleichgesetzt. Genau genommen besteht jedoch ein Unterschied zwischen Äthylalkohol, der durch Mostgärung entsteht, und destilliertem Alkohol, der gewissermaßen synthetisch hergestellt wird.

Wein ist ein vollwertiges Lebensmittel und übt eine wohltuende Wirkung auf die Gesundheit aus (bis zu einer Menge von max. 300 ml täglich), während destillierter Alkohol von Natur aus giftig ist.

1. Vorbeugung von Herz-Kreislauf-Erkrankungen

Zahlreiche Untersuchungen haben gezeigt, dass in den Ländern, in denen Wein getrunken wird, die Mortalitätsrate bei Herz-Kreislauf-Erkrankungen viel niedriger ist als in den übrigen Ländern. Franzosen, die zehnmal mehr Wein trinken als Amerikaner, leiden vier- bis sechsmal weniger an Herz-Kreislauf-Störungen.

Selbst wenn noch andere Ernährungsfaktoren für diesen Unterschied verantwortlich sind, weiß man heute, dass Wein eine wohltuende Wirkung auf diesem Gebiet besitzt. Man konnte tatsächlich nachweisen, dass Gäralkohol bis zu einer Menge von 30 g täglich (dies entspricht einer halben Flasche á 0,7 l Bordeaux) eine Senkung des Gesamtcholesterinspiegels und eine Erhöhung des „guten Cholesterins“ (HDL-Cholesterin) bewirkt.

Neben dem wohltuenden Alkohol (bei mäßigem Konsum) enthält Wein zahlreiche andere Substanzen. Professor Masquelier hat insbesondere die in der Gerbsäure enthaltenen Polyphenole - äußerst wirksame Antioxidationsmittel, die den Alterungsprozess der Gefäßwände aufhalten - untersucht. Durch seine durchblutungsfördernde Wirkung beugt Wein auch der Entstehung von Thrombosen vor.

2. Mineralsalze und Spurenelemente

Wein gehört mit Sicherheit zu den Lebensmitteln, die den höchsten Gehalt an Mineralien und Spurenelementen aufweisen. Diese Stoffe sind jedoch in der heutigen Nahrung meist nicht mehr vorhanden.

Wein enthält zum Beispiel Kupfer, das Mykosen bekämpft; Zink, das für die Aufrechterhaltung der Geschlechtsfunktionen unentbehrlich ist; Magnesium und Lithium, deren Antistresswirkung allgemein bekannt ist. In Wein ist aber auch Eisen enthalten, das das Immunsystem aktiviert und einer Anämie vorbeugt. Kalzium und Mangan – weitere Inhaltsstoffe des Weins – sorgen für die Aufrechterhaltung der Zellfunktionen.

In Wein befinden sich auch lösliche Ballaststoffe (immer noch verkannt), die im Darm die Aufnahme der Kohlenhydrate und Lipide (Fette) verringern. Wein besitzt also ganz offensichtlich eine wohltuende Wirkung, wenn er in Maßen genossen wird. Laut Pasteur ist er damit „das hygienischste aller Getränke".

SCHOKOLADE

In den Augen der herkömmlichen Ernährungslehre zählt Schokolade - genauso wie Wein - zu den bedenklichen Lebensmitteln, obwohl ihre besonderen Ernährungseigenschaften seit jeher offensichtlich waren.

Sie wurde für sämtliche Übel verantwortlich gemacht, was nicht allein auf Voreingenommenheit zurückzuführen ist, sondern auch darauf, dass dieses Produkt, das uns in den letzten Jahren als Schokolade verkauft wurde, nichts anderes war als leicht kakaohaltiger Zucker. Normalerweise besitzt Schokolade einen hohen Nährwert, vorausgesetzt, es handelt sich um dunkle bittere Schokolade mit einem hohen Kakaoanteil (mindestens 70 %).

Das Gute an der Schokolade ist demnach der Kakao und nicht die anderen Zusatz- oder Ersatzstoffe, die aus Kostengründen verwendet wurden.

Zahlreiche wissenschaftliche Untersuchungen haben tatsächlich gezeigt, dass entgegen der weit verbreiteten Ansicht der Verzehr von Schokolade keine Beschwerden wie Migräne, Allergien, Akne, Leberbeschwerden, Karies ... verursacht. Andere Untersuchungen haben zudem den Beweis erbracht, dass Schokolade außergewöhnliche Ernährungseigenschaften besitzt.

Die darin enthaltene Kakaobutter, die den Fettanteil bildet, besteht hauptsächlich aus „guten" Fetten, die eine Senkung des schlechten Cholesterins (LDL-Cholesterin) und eine Erhöhung des „guten" Cholesterins (HDL-Cholesterin) bewirken.
Außerdem sind in Kakao Phytosterine enthalten, die zu einer Verringerung des Triglyzeridgehaltes im Blut führen. Weitere Inhaltsstoffe der Schokolade sind Polyphenole, die die Gefäßwände schützen.

Dies veranlasste Professor Chaveron zu den Worten: *„Schokolade sollte schon bald zur Vorbeugung von Herz-Kreislauf-Erkrankungen eingesetzt werden"*.

Die in Schokolade enthaltenen Kohlenhydrate haben keine negativen Auswirkungen auf den Blutzuckerspiegel, da durch die vorhandenen Proteine und löslichen Ballaststoffe der glykämische Index auf 22 reduziert wird, womit bewiesen ist, dass *„Schokolade nicht automatisch dick macht"*.

Außerdem ist Kakao einer der besten Magnesium-, Kalium-, Kupfer- und Vitamin-E-Lieferanten.

Weitere Inhaltsstoffe – Koffein, Theobromin und Theophyllin – sind für seine kräftigende und aphrodisische Wirkung verantwortlich. Das ebenfalls in Kakao enthaltene Phenylethylamin wirkt Depressionen entgegen.

Deshalb wird der Verzehr von dunkler Schokolade mit mindestens 70 % Kakaoanteil wärmstens empfohlen, denn Schokolade ist nicht nur ein echter Leckerbissen, sondern auch ein vollwertiges Lebensmittel mit bemerkenswerten Ernährungseigenschaften.

GÄNSELEBER UND GÄNSEFETT

Da Gänseleber zu den Spezialitäten der feinen Küche zählt, galt sie in den Augen der herkömmlichen Ernährungslehre stets als bedenkliches Lebensmittel. Ihr Fettgehalt von 45 % veranlasste die Ernährungswissenschaftler, sie trotz ihrer geschmacklichen Vorzüge als diätetisch zweifelhaft einzustufen. Seit einigen Jahren ist eine Gruppe von Forschern jedoch dabei, den Beweis zu liefern, dass auch Gänseleber ein besonders nährstoffreiches Lebensmittel ist.

Mitte der achtziger Jahre trat eine Wende ein, als bei einem von der WHO (Weltgesundheitsorganisation) unterstützten Untersuchungsprogramm die Aufmerksamkeit der Forscher auf eine Region in Frankreich gelenkt wurde (Departement Gers), wo die Lebensbedingungen besonders vorteilhaft waren. Wie kommt es, dass diese Region die höchste Lebenserwartung des Landes aufweist und dort die wenigsten Herz-Kreislauf-Erkrankungen in ganz Frankreich zu verzeichnen sind? Bekanntlich gehört Frankreich zu den Ländern in der Welt, die die niedrigsten Krankheitsraten in diesem Bereich aufweisen. Bei der Einteilung in einzelne Gebiete wurde zunächst deutlich, dass der

Südwesten Frankreichs positiv herausragt. Gers, das sich in diesem Gebiet befindet, ist jedoch der absolute „Spitzenreiter“: Dort ist die Lebenserwartung um 25 % höher als in den angrenzenden Departements. Wie lässt sich dieser Unterschied erklären? Die Antwort ist einfach, selbst wenn sie erstaunlich klingt: Es liegt an dem beträchtlichen Verzehr von Gänse- und Entenfett (Confit und Gänseleber).

Dr. Renaud vom „INSERM“ (Nationales Institut für Gesundheit und medizinische Forschung) und sein Team haben tatsächlich nachgewiesen, dass Gänse- und Entenfett (wie Olivenöl) eine beträchtliche Menge an Ölsäure enthalten, so dass durch den Verzehr dieser Lebensmittel Herz-Kreislauf-Erkrankungen vorgebeugt wird.

Den Worten von Dr. Renaud zufolge *„gibt es in der Natur alles, was man für ein gesundes Leben braucht“*. Dies hat man zwar bereits vermutet, doch dass sie so reichhaltig ist, hätte man nicht für möglich gehalten.

ROHMILCHKÄSE

Wenn sich Prinz Charles von England nicht für den Erhalt des Rohmilchkäses, dessen Existenz durch die europäische Standardisierung ernstlich in Gefahr war, eingesetzt hätte, wäre die feine französische Küche um eine kulinarische Köstlichkeit ärmer.

Den französischen Rohmilchkäse-Herstellern ist jedoch nicht bewusst, dass Frankreich im Falle eines Verbotes auf eines seiner gesündesten Lebensmittel hätte verzichten müssen.

Die herkömmliche Ernährungslehre hat stets zu Unrecht behauptet, dass der Verzehr von Käse zu verurteilen ist, da er zu viel Fett und damit zu viele Kalorien enthält. Man war auch lange Zeit der Ansicht, dass die Fette im Käse Herz-Kreislauf-Erkrankungen begünstigen würden.

Erstaunlicherweise sind jedoch in Frankreich, wo sehr viel Käse gegessen wird, vier- bis sechsmal weniger Herz-Kreislauf-Störungen zu verzeichnen als in den Ländern (insbesondere den USA), in denen fast kein Käse oder nur käseähnliche Produkte verzehrt werden. Der Weinkonsum der Franzosen kann nicht die einzige Erklärung dafür sein.

Vor einigen Jahren hat das Forscherteam von Dr. Renaud nachgewiesen, dass die in vergorenem Käse enthaltenen Fette viel schlechter absorbiert werden, als bisher angenommen wurde. Die Fettsäuren bilden mit dem Kalzium unlösliche Salze, die über den Darm ausgeschieden werden.

Andere Arbeiten haben auch gezeigt, dass sich durch die natürliche Gärung der Rohmilch die Beschaffenheit der Fette verändert. Die gesättigten Fette weisen eine andere Molekülstruktur auf, so dass ihre Absorption im Darm herabgesetzt ist.

Fette (Lipide) bestehen zu 98 % aus Triglyzeriden, die sich aus einem Alkoholmolekül (Glyzerin) und drei Fettsäuremolekülen zusammensetzen.

Glyzerin + Fettsäure 1
Fettsäure 2
Fettsäure 3

Bei gesättigten Fetten werden lediglich die Fettsäuren der Position 2 von der Darmwand gut absorbiert. Durch die natürliche Gärung der Rohmilch, bei der die Molekülstruktur der Fette verändert wird, werden jedoch die Fettsäuren der Position 2 größtenteils unschädlich gemacht.

Selbst wenn Rohmilchkäse eine beträchtliche Menge an gesättigten Fetten enthält, wird also nur ein geringer Teil im Darm absorbiert.

Im Gegensatz zu Käse aus pasteurisierter Milch[1] hat herkömmlicher Rohmilchkäse somit überhaupt keine negativen Auswirkungen auf das Herz-Kreislauf-System.

Es besteht Grund zur Annahme, dass durch die natürliche Gärung – wie bei Joghurt – und den Reifungsprozess die physikalischen und chemischen Eigenschaften der Milch so verändert werden, dass der Verzehr von Rohmilchkäse Herz-Kreislauf-Erkrankungen vorbeugt. Dies ist auf jeden Fall ein gewichtiges Argument, das die Entscheidung der Europäischen Kommission positiv beeinflussen müsste.

Außerdem stimulieren Lebensmittel aus vergorener Milch den Herzmuskel, begünstigen die Vitamin-B-Synthese, schützen vor verschiedenen Vergiftungen (die zum Beispiel durch Nitrate ausgelöst werden) und beugen sogar der Entstehung bestimmter Krebsarten vor.

Die Käseplatte (aus Rohmilchkäse), die leider immer seltener auf der Speisekarte der Feinschmeckerrestaurants zu finden ist, sollte deshalb so schnell wie möglich rehabilitiert werden.

1 Bei der Pasteurisierung wird die Milch zwanzig bis dreißig Sekunden lang auf 72 °C erhitzt. Dabei werden die Bakterien zerstört, die für den Gär- und Reifungsprozess notwendig sind.
Deshalb müssen industriell erzeugte Keime auf der Milch neu angesiedelt werden.
Käse aus pasteurisierter Milch ist demnach ein untätiges „Industrie-Substrat" mit intakten gesättigten Fetten. Rohmilchkäse besteht dagegen aus lebender Materie, die positive Ernährungseigenschaften besitzt.
Es waren die Amerikaner, die aus Angst vor Lebensmittelvergiftungen für die Verbreitung der Pasteurisierung gesorgt haben (durch ein Verbot von Rohmilch-Produkten).
Laut Statistik waren die seltenen Vergiftungsfälle jedoch immer auf Käse aus pasteurisierter Milch zurückzuführen. Die Erfahrung hat zudem gezeigt, dass das Risiko umso geringer ist, je länger der Reifungsprozess dauert.

KAPITEL 3

MENÜS FÜR DREI MONATE (IN PHASE I)

Wie ich in der Einleitung bereits erwähnt habe, halte ich es eigentlich nicht für notwendig eine Liste mit Menüs zu empfehlen. Denn wenn man die Grundprinzipien der Methode verstanden hat, sollte man meiner Meinung nach in der Lage sein, die Menüs entsprechend zusammenzustellen.

Ich verstehe natürlich, dass man sich gelegentlich bei fertig zusammengestellten Menüs Anregungen holen möchte.

Wer jedoch glaubt, die Montignac-Methode allein aufgrund der Lektüre dieses Buches richtig anwenden zu können, hat sich getäuscht. Genauso abwegig ist die Vorstellung, in einer Stadt wie Paris Auto fahren zu können, nachdem man seinen Führerschein in der Wüste gemacht hat.

Sämtliche Menüs, die in diesem Kapitel aufgeführt sind, beziehen sich auf Phase I. Wer die Methode richtig verstanden hat, weiß genau, dass Menüs für Phase II vollkommen unsinnig sind, da der einzige Unterschied zu Phase I darin besteht, dass Ausnahmen zugelassen werden.

Die Menüvorschläge beinhalten Mittagessen und Abendessen. Auf das Frühstück wurde nicht näher eingegangen, da es stets nach den gleichen Prinzipien zusammengestellt wird.

Da das Frühstück vollwertig sein soll und aus diesem Grund nicht vernachlässigt werden darf, werden diese Prinzipien im Folgenden noch einmal kurz dargelegt. Gerichte, die mit einem * versehen sind, finden Sie im Rezeptteil.

FRÜHSTÜCK

A Nach dem Aufstehen:

Besonders empfehlenswert ist Obst. Bei Bedarf durch frischen Fruchtsaft (ohne Zucker) ergänzen, der kurz zuvor gepresst werden sollte (Zitrone, Orange, Grapefruit), um jeden Vitaminverlust zu vermeiden. Handelsüblicher Fruchtsaft besitzt fast überhaupt keinen Nährwert, selbst wenn es sich um reinen Fruchtsaft handelt.

Danach mindestens zwanzig Minuten warten, bevor das eigentliche Frühstück eingenommen wird.

B Auswahl der Lebensmittel:

1. Möglichkeit: Frühstück aus Proteinen, Kohlenhydraten + Ballaststoffen

Brot:
- ballaststoffreiches Brot (100 % Vollkornbrot oder Kleiebrot)
- Vollkornknäckebrot (ohne Zuckerzusatz)

Belag:
- Magerquark mit 0,3 % Fettgehalt oder Magerjoghurt
- Tomaten- und Gurkenscheiben
- Fisch, magere Hähnchen- oder Putenbrust
- Fruchtaufstrich ohne Zucker

Getreide:
- Vollkorngetreideflocken ohne Zucker (außer Cornflakes)
- Müslimischung ohne Zucker
- Vollkornhaferflocken

  Einrühren in:
- kalte oder warme Magermilch
- Magerquark mit 0,3 % Fettgehalt
- Magerjoghurt

2. Möglichkeit: Obst-Frühstück

Das Frühstück kann sich auch ausschließlich aus Obst zusammensetzen.

Diese Variante liefert gute Kohlenhydrate, Ballaststoffe, Mineralsalze und Vitamine. Da keine Proteine enthalten sind, sollte zusätzlich mindestens ein Magermilchprodukt verzehrt werden.

Bei diesem Frühstück werden auch keine Getreidebestandteile verzehrt, wozu sich eventuell den ganzen Tag über keine Gelegenheit mehr bietet.

3. Möglichkeit: Salziges oder Eiweiß-Fett-Frühstück

Es besteht aus Schinken, Bacon, Eiern und Käse und wird **ohne Brot** verzehrt.

Leider liefert diese Variante weder Kohlenhydrate noch Ballaststoffe. Außerdem enthält sie eine beträchtliche Menge an gesättigten Fetten, die bei anfälligen Personen eine Erhöhung des Cholesterinspiegels auslösen können.

Wer an Herz-Kreislauf-Erkrankungen oder Diabetes leidet, sollte deshalb darauf verzichten. Dieses Frühstück ist auf jeden Fall als Ausnahme anzusehen (zum Beispiel im Hotel).

Getränke:
- Kaffee, vorzugsweise entkoffeiniert
- Tee
- Magermilch
- Sojamilch
- keinen Kakao in Phase I

KLEINE ZWISCHENMAHLZEITEN

Wenn das Frühstück und die übrigen Hauptmahlzeiten richtig zusammengestellt wurden, dürfte kein plötzliches Hungergefühl entstehen und man müsste normalerweise in der Lage sein, bis zur nächsten Mahlzeit nichts zu sich zu nehmen.

Es besteht somit kein Grund für ein zweites Frühstück oder den Nachmittagskaffee (bei Erwachsenen), außer wenn Ausdauersport betrieben wird. Wenn Ausnahmen angebracht sind, empfiehlt sich der Verzehr von frischem Obst, vorzugsweise einem Apfel.

Zwischenmahlzeiten haben jedoch nichts mit Knabbern zu tun.

ABENDESSEN

Das Abendessen sollte am leichtesten ausfallen. Durch gesellschaftliche Gepflogenheiten stellt es jedoch häufig die reichhaltigste Mahlzeit des Tages dar.

Wer eine Gewichtsabnahme anstrebt, sollte wissen, dass gerade die Fette, die man abends zu sich nimmt, am leichtesten gespeichert werden, da der Absorptionsprozess nachts besonders aktiv ist. Man hat festgestellt, dass die gleiche Fettmenge (unabhängig von der Fettart) weniger gut absorbiert und in Fettreserven umgewandelt wird, wenn die Zufuhr in der ersten Tageshälfte erfolgt.

Außerdem machen Eiweiße und Fette einen längeren Verdauungsprozess durch, was den Schlaf und damit die Erholungsphase beeinträchtigen könnte.

Deshalb sollten die Mahlzeiten zu Hause aus Eiweißen, Kohlenhydraten und Ballaststoffen bestehen, die wahlweise aus folgenden Lebensmitteln zusammengesetzt sein können:

Vorspeise:

- Gemüsesuppe (ohne Kartoffeln und Karotten)
- mit Magerjoghurt und Zitrone angemachte Salate
- Artischocken oder frisches Gemüse

Hauptgericht:

- Naturreis (mit Tomatenpüree)
- Vollkornnudeln (mit Tomatenpüree und Basilikum)
- Linsen mit Zwiebeln

- weiße oder rote Bohnen
- Vollkorn-Couscous mit Gemüse (ohne Fleisch)
- verschiedene Gemüse: Blumenkohl, Lauch, ...

Nachspeise:

- Fruchtcremespeise (siehe Rezeptteil)
- rote Beeren: Erdbeeren, Himbeeren, Brombeeren
- Magerquark mit 0,3 % Fett oder Magerjoghurt

SÜSSE NACHSPEISEN

In Phase I sollten süße Nachspeisen wie rote Beeren oder Fruchtcremespeisen nur in Ausnahmefällen, zum Beispiel sonntags, auf dem Speiseplan stehen. Im Rezeptteil sind sie als „sehr leichte Ausnahmen“ aufgeführt (siehe S. 249).

MENÜVORSCHLÄGE

1. Monat • 1. Woche

° eventuell ungezuckerten Fruchtaufstrich hinzufügen
* bezieht sich auf Gerichte, deren Rezepte in diesem Buch enthalten sind

	MONTAG	DIENSTAG	MITTWOCH	DONNERSTAG	FREITAG	SAMSTAG	SONNTAG
MITTAGESSEN	Rotkohlsalat Thunfisch-omelett * Salat Käse	Makrelen in Weißwein Putenschnitzel Rosenkohl Salat Joghurt	Gurke mit Joghurt-sauce und Minze * Roastbeef Gemüseauflauf provenzalisch * Käse	Spargelsalat in Essig-Öl-Marinade überbackener Kabeljau Zucchini Käse	gefüllte Eierhälften * Brathähnchen Chicorée gedünstet Käse	Muschelsalat Lammkotelett mit Minze * Schwarzwurzeln Salat Käse	Sojabohnen-sprossensalat mit Scampi * Rotbarbe provenzalisch * Quarkcreme mit roten Beeren *
ABENDESSEN	Rettich gesalzen Vollkorn-bandnudeln (Champignon-sauce mit Magerquark 0,3 %) Magerjoghurt	Tomatensalat roher Schinken Kohlrabi mit Petersilie Quark	Champignon-cremesuppe gekochte Trockenbohnen ** (Sauce mit Magerquark 0,3 % und Petersilie) Magerjoghurt°	Gemüsesuppe gegrillter Lachs Spinat (fettarme Sahne) Quark	Auberginen-püree * gefüllte Zwiebeln Joghurt	Artischocken mit Magerquark * gegrillter Thunfisch mit Speck * grüne Bohnen Quark	Brokkolicreme-suppe * Linsen mit Zwiebeln Magerjoghurt°

** außer Dicke Bohnen

MENÜVORSCHLÄGE 1. Monat • 2. Woche

° eventuell ungezuckerten Fruchtaufstrich hinzufügen
* bezieht sich auf Gerichte, deren Rezepte in diesem Buch enthalten sind

	MONTAG	DIENSTAG	MITTWOCH	DONNERSTAG	FREITAG	SAMSTAG	SONNTAG
MITTAGESSEN	Tomatensalat Kaninchen mit Petersilie Knollensellerie gedünstet Käse	Palmherzen Seelachsfilet mit Zitrone Blumenkohl Käse	Sardinen in Olivenöl Entrecôte grüne Bohnen Käse	Lauch in Essig-Öl-Marinade Putenragout * Spinat (fettarme Sahne) Käse	Chicoréesalat Kabeljaufilet Kohl Käse	griechischer Salat * Calamares mit Tomaten und Zwiebeln Salat Käse	Eier in Kranzform * gegrilltes Rinderfilet Artischockenböden mit Champignons * Himbeercreme *
ABENDESSEN	Muschelsuppe * Katzenhai Champignon-Pfanne Joghurt	Naturreis-Auberginen-Auflauf * Kohlrabi mit Petersilie Magerjoghurt°	Gemüsesuppe Hühnerbrust Salat Quark	Gemüsebrühe gekochte Trockenbohnen ** (Sauce mit Magerquark 0,3 %) Magerjoghurt°	Käseomelett Endiviensalat mit Speckwürfeln Quark	Gurke mit Joghurtsauce und Minze * Gemüseauflauf provenzalisch * Quark mit Rosinen	Salat mit Lyoner Wurst* Zucchini gefüllt mit Magerquark 0,3 % * Joghurt

** außer Dicke Bohnen

MENÜVORSCHLÄGE 1. Monat • 3. Woche

° eventuell ungezuckerten Fruchtaufstrich hinzufügen
* bezieht sich auf Gerichte, deren Rezepte in diesem Buch enthalten sind

	MONTAG	DIENSTAG	MITTWOCH	DONNERSTAG	FREITAG	SAMSTAG	SONNTAG
MITTAGESSEN	Rettich Piperade * Brokkoli Käse	Krabbensalat * Schweinekotelett mit Kräutern Schwarzwurzeln Käse	Blumenkohl in Essig-Öl-Marinade gegrilltes Hacksteak grüne Erbsen mit Zwiebeln Käse	Artischocken in Essig-Öl-Marinade Makrelen mit Lauch * Käse	Tomatensalat Herzstück Spinatpüree Salat Käse	Salat mit Meeresfrüchten * Kalbskotelett überbacken mit grünen Bohnen * Salat Käse	Muskel-magensalat Jakobsmuscheln auf Lauch * Grand-Marnier-Creme *
ABENDESSEN	Auflauf mit Quark 0 % * Erbsenpürre * Magerjoghurt°	Sojabohnen-sprossensalat weich gekochte Eier Salat Käse	Sauerampfer-suppe Linsen mit Tomaten * Magerjoghurt°	Gemüsesuppe Hühnerbrust Chicorée gedünstet Quark	Gärtnersalat * gefüllte Auberginen (Champignon-püree und Quark) Joghurt	Stangensellerie-salat Lachsscheiben in Folie gegart mit Minze * Quark	Rettichcreme-suppe * Vollkornspaghetti mit Zucchini * Magerquark 0,3 %

MENÜVORSCHLÄGE **1. Monat • 4. Woche**

° eventuell ungezuckerten Fruchtaufstrich hinzufügen

* bezieht sich auf Gerichte, deren Rezepte in diesem Buch enthalten sind

	MONTAG	DIENSTAG	MITTWOCH	DONNERSTAG	FREITAG	SAMSTAG	SONNTAG
MITTAGESSEN	Sellerie mit Remouladen-sauce Grillhähnchen grüne Erbsen Magerjoghurt °	gemischter Kohl Rochen mit Kapern grüne Bohnen püriert Käse	Tomaten mit Thunfisch * gegrillte Blutwurst Blumenkohlpüree Salat Käse	Chicoréesalat Schweinebraten überbackene Auberginen Käse	Löwenzahnsalat mit Speckwürfeln Pfeffersteak grüne Bohnen Joghurt	Entenbrustsalat * gebratene Gambas mit Ratatouille * Käse	gefüllte Eierhälften * Lammschulter in Zitronensauce * Kopfsalat-Sauer-ampfer-Püree * Schokoladen-soufflé *
ABENDESSEN	Gemüsesuppe Merlanfilet mit Zitrone und Kresse Joghurt	Gemüsebrühe Erbsenpüree * Magerquark ° 0,3 %	Palmherzen Zucchini gefüllt mit Magerquark 0,3 % * Joghurt	Kohlsuppe Naturreis und wilder Reis mit Curry Magerquark ° 0,3 %	Spargelcreme-suppe Eier in Tomaten * Salat Käse	Gurke (Sauce mit Magerquark 0,3 % und Schnittlauch) Bohnen mit Artischocken * Magerquark ° 0,3 %	Muschelsalat * Lauchsoufflé * Käse

MENÜVORSCHLÄGE **2. Monat • 1. Woche**

° eventuell ungezuckerten Fruchtaufstrich hinzufügen
* bezieht sich auf Gerichte, deren Rezepte in diesem Buch enthalten sind

	MONTAG	DIENSTAG	MITTWOCH	DONNERSTAG	FREITAG	SAMSTAG	SONNTAG
MITTAGESSEN	Feldsalat Putenschnitzel Zucchini gedünstet Käse	Tomatensalat Steinbuttcreme mit Kressepüree * Blumenkohl Käse	Weißkohlsalat mit Speckwürfeln * Grillhähnchen Schwarzwurzeln Käse	Gurkensalat Kaninchen mit Kohl * Käse	Forellenfilet geräuchert Entenbrust Sellerie gebraten in Gänsefett * Käse	Lachscreme * überbackene Rinderzunge * Auberginen gedünstet Käse	Sojabohnen-sprossensalat mit Scampi * Seezunge normannischer Art * Champignons mit Petersilie Eischneeklößchen *
ABENDESSEN	Champignon-cremesuppe gekochte Trockenbohnen ** (Sauce mit Magerquark 0,3 %) Magerjoghurt °	Gemüsebrühe Spargel-Schinken-Auflauf (ohne Béchamel-sauce, mit fettarmer Sahne) Quark	Gemüsesuppe Linsen mit Zwiebeln Magerjoghurt °	Artischocken-herzensalat weiche Eier Spinatpüree Quark	grüner Bohnensalat (Zitronenscheibe) Vollkornspaghetti mit Zucchini * Magerjoghurt °	gekochter Schinken gebackene Tomaten mit Petersilie Salat Joghurt	Kressecremesuppe Vollkorngrieß mit Gemüse (ohne Fleisch und Fett) Magerquark ° 0,3 %

MENÜVORSCHLÄGE

2. Monat • 2. Woche

° eventuell ungezuckerten Fruchtaufstrich hinzufügen
* bezieht sich auf Gerichte, deren Rezepte in diesem Buch enthalten sind

	MONTAG	DIENSTAG	MITTWOCH	DONNERSTAG	FREITAG	SAMSTAG	SONNTAG
MITTAGESSEN	Chicoréesalat Lammkeule grüne Bohnen mit Petersilie Käse	Gärtnersalat * gegrillter Thunfisch mit Speck * Selleriepüree Salat Käse	Salat mit Meeresfrüchten * Tatarbeefsteak Salat Käse	Sellerie mit Remouladensauce Schweinekotelett Spinatpüree Käse	grüner Bohnensalat gegrillte Nieren Blumenkohl Käse	Eier in Aspik * Lachsfilet in Folie gegart mit Paprikapüree * Käse	Salat mit Gänseleber * Kalbfleisch mit Artischocken-böden * Salat Himbeercreme *
ABENDESSEN	Tomatensuppe Spiegeleier Kopfsalat gedünstet Joghurt	Gemüsesuppe Bohnen mit Artischocken * Magerquark 0,3 % °	Palmherzen Fischsoufflé * Brokkoli mit Mandelsauce * Joghurt	Muschelsuppe * Tomaten gefüllt mit Champignons * Magerquark 0,3 % °	Gemüsebrühe roher Schinken Chicorée gedünstet Joghurt	Gemüsebrühe Vollkornband-nudeln mit Champignonpüree Magerquark 0,3 % °	Tomatencreme-suppe Zucchini gefüllt mit Magerquark 0,3 % * Magerjoghurt

MENÜVORSCHLÄGE **2. Monat • 3. Woche**

° eventuell ungezuckerten Fruchtaufstrich hinzufügen
* bezieht sich auf Gerichte, deren Rezepte in diesem Buch enthalten sind

	MONTAG	DIENSTAG	MITTWOCH	DONNERSTAG	FREITAG	SAMSTAG	SONNTAG
MITTAGESSEN	Salat Spiegeleier mit Sardellen * überbackener Spinat Käse	Surimisalat Brathähnchen Schwarzwurzeln Salat Käse	Sojabohnen-sprossensalat Herzspieße * überbackener Fenchel Käse	Champignons griechischer Art Seezunge normannischer Art * grüne Bohnen püriert Käse	Orientalischer Salat * Putenragout * Paprikapüree Salat Käse	Fischpastete * Entenfilet mit grüner Pfeffersauce * Lauchsoufflé * Salat Käse	gefüllte Eierhälften * Roastbeef Kopfsalat gedünstet Rote-Beeren-Gratin *
ABENDESSEN	Seelachsfilet in Folie gegart Kressepüree Joghurt	Weißkohlsalat mit Speckwürfeln * Chicorée mit Schinken (ohne Béchamelsauce, mit fettarmer Sahne und Eiern) Quark	Champignon-cremesuppe Naturreis-Auberginen-Auflauf * Magerjoghurt °	Pot-au-feu * Lauch, Kohl Quark	Knoblauchauf-lauf mit Magerquark * Sellerie paniert mit Parmesan * Joghurt	geräucherter Schellfisch mit Joghurtsauce * überbackene Zucchini Quark	Gurken-kaltschale * Kichererbsen mit Tomaten Magerjoghurt °

MENÜVORSCHLÄGE **2. Monat • 4. Woche**

° eventuell ungezuckerten Fruchtaufstrich hinzufügen
* bezieht sich auf Gerichte, deren Rezepte in diesem Buch enthalten sind

	MONTAG	DIENSTAG	MITTWOCH	DONNERSTAG	FREITAG	SAMSTAG	SONNTAG
MITTAGESSEN	Blumenkohl in Essig-Öl-Marinade Carpaccio * Spargel Käse	Salat mit Paprikagewürz * Seezungenfilet mit Auberginenpüree * Salat Käse	Sardinensalat * Entrecôte mit Roquefort Rosenkohl Käse	Gurkensalat Schweinebraten Knollensellerie gedünstet Käse	Lauch in Essig-Öl-Marinade Putenschnitzel grüne Bohnen Käse	Spargelcreme * Miesmuscheln mit Curry * Spinatsalat Käse	Parmaschinkencreme mit Lauch * Hasenröllchen * grüne Erbsen Salat Mangocreme mit Kiwipüree *
ABENDESSEN	Sauerampfersuppe Champignonomelett Salat Käse	Tomatensalat (Zitronensaft) Vollkorngrieß mit Gemüse (ohne Fett) Magerjoghurt °	Gurkensalat Hühnerbrust Chicorée gedünstet Quark	Rettich rote Bohnen mit Zwiebeln (Champignonsauce mit Petersilie und Magerquark 0,3 %) Salat Magerjoghurt °	Eier in Aspik * Seelachsfilet in Folie gegart Salat Quark	Gemüsesuppe Erbsenpüree * Magerjoghurt °	Ziegenkäsesoufflé * gefüllter Kohl Quark

MENÜVORSCHLÄGE

3. Monat • 1. Woche

° eventuell ungezuckerten Fruchtaufstrich hinzufügen
* bezieht sich auf Gerichte, deren Rezepte in diesem Buch enthalten sind

	MONTAG	DIENSTAG	MITTWOCH	DONNERSTAG	FREITAG	SAMSTAG	SONNTAG
MITTAGESSEN	Artischocken mit Magerquark * Kaninchen Nizzaer Art * Käse	Makrelen in Weißwein Lammkotelett Chicorée und Kopfsalat gedünstet Salat Käse	Gurkensalat Schweinefilet überbackene Schwarzwurzeln Käse	Rettich Rotbarbe provenzalisch * Salat Käse	Eier in Aspik * Tournedos mit Champignons * Salat Käse	Venusmuschel-Spinat-Auflauf * Hähnchen mit Limettensauce * Kopfsalat-Sauerampfer-Püree * Käse	Ziegenkäse-soufflé * Perlhuhn mit Lauch * Erdbeeren mit Schlagsahne *
ABENDESSEN	Gemüsebrühe Vollkorngrieß mit Gemüse (ohne Fett) Magerquark 0,3 % °	Tomaten-Feldsalat Lauch mit Schinken (ohne Béchamelsauce, mit fettarmer Sahne und Eiern) Quark	Gemüsesuppe überbackener Kürbis (Sauce mit Magerquark) Joghurt °	Blumenkohl-cremesuppe Fischsoufflé mit Kressesauce * Salat Quark	Rohkost (Zitronensaft) Linsen mit Zwiebeln Magerjoghurt °	Seezunge paniert mit Parmesan * grüne Bohnen Salat Quark	Brokkolicreme-suppe * Thunfisch-omelett * Endiviensalat Joghurt

MENÜVORSCHLÄGE

3. Monat • 2. Woche

° eventuell ungezuckerten Fruchtaufstrich hinzufügen

* bezieht sich auf Gerichte, deren Rezepte in diesem Buch enthalten sind

	MONTAG	DIENSTAG	MITTWOCH	DONNERSTAG	FREITAG	SAMSTAG	SONNTAG
MITTAGESSEN	Palmherzen Kalbsschnitzel Sellerie in Fleischbrühe Käse	Gärtnersalat * Seelachs mit Tomatenpüree Kopfsalat gedünstet Salat Käse	Kohlsalat mit Speckwürfeln * gegrillte Blutwurst grüne Bohnen Käse	Thunfisch in Gelee * Schinken-omelett Salat Käse	Sojabohnen-sprossensalat Entenfilet mit grüner Pfeffersauce * grüne Erbsen mit Zwiebeln Käse	Salat mit Gänseleber * Lammschulter in Zitronensauce * Brokkoli Käse	Forellenterrine mit Fenchel * Rindfleisch provenzalisch * Auberginen Rhabarbercreme mit Himbeerpüree *
ABENDESSEN	Gazpacho * Bohnen mit Artischocken * Magerjoghurt °	Kressesuppe Geflügelleber-auflauf * Quark	Gemüsesuppe Kabeljaufilet Spinatpüree Joghurt	Lauchsuppe Tomaten gefüllt mit Champignons * Quark	Gurke mit Joghurtsauce 0 % und Minze * Vollkornspaghetti mit Zucchini * Magerjoghurt °	Spargelcreme-suppe Eier in Tomaten * Quark	Lauchsoufflé * Salat Quark

MENÜVORSCHLÄGE

3. Monat • 3. Woche

° eventuell ungezuckerten Fruchtaufstrich hinzufügen

* bezieht sich auf Gerichte, deren Rezepte in diesem Buch enthalten sind

	MONTAG	DIENSTAG	MITTWOCH	DONNERSTAG	FREITAG	SAMSTAG	SONNTAG
MITTAGESSEN	gemischter Kohl Brathähnchen Sellerie frittiert * Käse	Krabbensalat * Kaninchen mit grünen Oliven * Kohlrabi in Fleischbrühe Salat Käse	Makrelen in Weißwein Kalbsbraten baskischer Art * Zucchini Käse	gefüllte Eierhälften * Merlanfilet in Folie gegart Auberginenpüree Käse	Geflügelterrine * Forelle mit Savoyer Käse * Fenchel gedünstet Salat Käse	Fischsoufflé mit Kressesauce * Huhn im Topf * Salat Käse	Spinat-Lachs-Terrine * Seezunge paniert mit Parmesan * Brokkoli Vanillecreme mit Schokoladensauce *
ABENDESSEN	Vollkornspaghetti (Tomatenpüree mit Basilikum) Magerjoghurt	grüner Bohnensalat Spargel-Schinken-Auflauf (ohne Béchamelsauce, mit fettarmer Sahne und Eiern) Quark	Gurke in Magerjoghurtsauce Erbsenpüree * Magerquark 0,3 %	Gemüsesuppe kalter Schweinebraten Salat Quark	Lauchcremesuppe Artischockenböden mit Champignons * Quark	Löwenzahnsalat mit Speckwürfeln Zanderröllchen mit Kohl * Joghurt	Muschelsuppe * Chicorée mit Sardellen Salat Käse

MENÜVORSCHLÄGE

3. Monat • 4. Woche

° eventuell ungezuckerten Fruchtaufstrich hinzufügen

* bezieht sich auf Gerichte, deren Rezepte in diesem Buch enthalten sind

	MONTAG	DIENSTAG	MITTWOCH	DONNERSTAG	FREITAG	SAMSTAG	SONNTAG
MITTAGESSEN	Champignonsalat gegrilltes Hacksteak grüne Bohnen mit Petersilie Käse	hart gekochte Eier mit Currysauce überbackener Seelachs Zucchini Salat Käse	Tomaten mit Thunfisch * Kalbsleber in Folie gegart * Kopfsalat-Sauerampfer-Püree mit Sahne * Käse	Gurkensalat Gemischtes Gulasch * Kohlrabi püriert Salat Käse	Rotkohl in Essig-Öl-Marinade Kalbsbraten Brokkoli Käse	Parmaschinkencreme mit Lauch * gegrillte Sardinen Selleriepüree Käse	Spargelcreme * gebratene Ente mit Steinpilzpüree * Aprikosencreme *
ABENDESSEN	Zwiebelsuppe Rinderhacksoufflé * Salat Joghurt	Gemüsesuppe Trockenerbsenauflauf mit Tomaten und Zwiebeln Magerquark 0,3 % °	Blumenkohlsalat Hühnerbrust Paprikaschoten gegrillt in Olivenöl Joghurt	Gemüsebrühe überbackene Artischocken * Endiviensalat mit Speckwürfeln Quark	Fischsuppe Tomaten gefüllt mit Champignons * Käse	Naturreis-Auberginen-Auflauf * Salat (Zitronensaft) Magerquark 0,3 % °	Kressecremesuppe Rochensalat * Käse

LEBENSMITTEL DER SAISON

	Fisch Krustentiere	Fleisch Geflügel	Gemüse	Obst
Frühjahr (März, April, Mai)	Maifisch Goldbrasse Gründling Seelachs Rotzunge Rochen Rotbarbe Forelle Hummer Krabben Makrele	Lamm Kalb Perlhuhn	Schwarzwurzeln Spargel Spinat Sauerampfer Kresse Bataviasalat römischer Salat Erbsen Kopfsalat	Rhabarber Erdbeeren Zitrone
Sommer (Juni, Juli, August)	Aal Barsch Goldbrasse Gründling Hering Barsch Scholle Zander Seezunge Thunfisch Makrele Flusskrebs Hummer Scampi Sardinen	Perlhuhn Kalb Kaninchen Huhn Hähnchen Ente Taube	Kopfsalat Artischocke Mangold Gurke Essiggurke grüne Bohnen Tomate Aubergine Zucchini	Aprikose Johannisbeeren Himbeeren Erdbeeren Feige Kirschen Pflaume Grapefruit Pfirsich Preiselbeeren
Herbst (September, Oktober, November)	Karpfen Petersfisch Muscheln Kabeljau	Reh junges Rebhuhn Wildschwein Taube Schwein Hammel Hase	Knollensellerie Stangensellerie Kohl Blumenkohl Rotkohl weiße Bohnen weiße Rüben Kürbis	Johannisbeeren Zitrone Feige Birne Apfel Pflaume Trauben Haselnüsse Kastanien Banane Walnüsse

	Fisch Krustentiere	Fleisch Geflügel	Gemüse	Obst
Winter (Dezember, Januar, Februar)	Kabeljau Karpfen Hering Seelachs Rotzunge Merlan Stockfisch Lachs Seezunge Steinbutt Austern Muscheln Fischeier	Rind Hammel Schwein Fasan Kapaun Pute Huhn	Brokkoli Rosenkohl Chicorée Feldsalat Löwenzahn	Ananas Banane Kastanien Quitte Mandarine Walnüsse Orange Grapefruit Apfel

REZEPTE FÜR PHASE I

(V): Diese Gerichte sind für vegetarische Ernährung geeignet. (Wenn Sie die Fleisch- bzw. Hühnerbrühe durch Gemüsebrühe ersetzen, sind auch alle Suppen für die vegetarische Ernährung geeignet.

Für diejenigen, die die Ernährungsprinzipien der Montignac-Methode befolgen, dienen die Rezepte für Phase I dazu, die Grundregeln der Ernährungsumstellung in die Tat umzusetzen.

Mit Hilfe dieser Rezepte lassen sich die gesetzten Ziele besser erreichen und auch dauerhaft durchsetzen:

- Gewichtsverlust
- Vorbeugung kardiovaskulärer Erkrankungen
- Steigerung der körperlichen und geistigen Vitalität
- Vermeiden von Magen- und Verdauungsbeschwerden
- Vermeiden von Müdigkeit und Erschöpfungszuständen
- Verbesserung der Schlafqualität

Es sei noch einmal daran erinnert, dass dauerhafte Erfolge am besten dadurch erzielt werden, dass man nicht nur auf diese Rezeptauswahl zurückgreift, sondern sich auch mit den Grundprinzipien der Methode vertraut macht.

Dennoch kann man sich bei diesen Rezepten auch einfach Anregungen holen, da sie schmackhaft und nährstoffreich sind und leicht realisiert werden können.

Viele werden glauben, dass bei den Rezepten für Phase I keine Nachspeisen zu finden sind. Trotzdem haben wir sie in unsere Rezeptauswahl miteinbezogen, da sie bei bestimmten familiären Anlässen nicht wegzudenken sind. In solchen Fällen sind die Nachspeisen zu bevorzugen, die nur sehr leichte Ausnahmen darstellen, so dass gegen ihren Verzehr nichts einzuwenden ist. Um Phase I erfolgreich hinter sich zu bringen und kein Risiko einzugehen, sollten sie jedoch nur einmal in der Woche – z.B. sonntags – auf dem Speiseplan stehen (siehe Menüvorschläge).

Vorspeisen

Brokkolicremesuppe

für 4 Personen

Zubereitungszeit: 15 Minuten
Kochzeit: 30 Minuten

Zutaten:

500 g Brokkoli
100 g Gemüse (Lauch, Stangensellerie)
250 g fettarme Crème fraîche
1/4 l Geflügelbrühe
2 EL Olivenöl
3 EL Küchenkräuter
3 fein geschnittene Schalotten
• Salz, Pfeffer

Brokkoli waschen, in Röschen teilen, Stiele schälen. Danach die Röschen in Stücke schneiden.

Lauch und Sellerie waschen, in Würfel schneiden und bei schwacher Hitze in Olivenöl dünsten. Danach Schalotten zufügen.

Brokkoli, Küchenkräuter und Geflügelbrühe zugeben. Das Ganze zum Kochen bringen und in 25 Minuten gar kochen.

Danach unter Zugabe von Crème fraîche im Mixer pürieren. Nochmals 5 Minuten bei schwacher Hitze kochen, mit Salz und Pfeffer würzen.

Sofort servieren.

Gazpacho (V)

(Foto vor Seite 65)

FÜR 6 PERSONEN

Zubereitungszeit: 30 Minuten
Kühlzeit: 3 Stunden

ZUTATEN:

1 kg Tomaten
1 Gurke
1 grüne und
1 rote Paprikaschote
1 frische Fenchelknolle
1 Selleriestange
3 Zwiebeln
3 Knoblauchzehen
3 EL Olivenöl
2 EL Essig
1/2 l Wasser oder entfettete Gemüsebrühe
• Salz, Pfeffer
• Eiswürfel

Tomaten 30 Sekunden in kochendes Wasser legen, abziehen und die Kerne entfernen. Gurke schälen. Einige Gurkenscheiben und 1 Zwiebel in kleine Würfel schneiden und zum Garnieren beiseite legen.

Gemüse klein schneiden und im Mixer pürieren. Wasser oder Gemüsebrühe, Olivenöl und Essig unterrühren.

Mit Salz und Pfeffer würzen und drei Stunden im Kühlschrank ziehen lassen.

Vor dem Servieren Eiswürfel hinzufügen und die Gurken- und Zwiebelwürfel auf die Suppe streuen.

GURKENKALTSCHALE (V)

FÜR 4 PERSONEN

Zubereitungszeit: 15 Minuten
Kühlzeit: 1 Stunde

ZUTATEN:

2	Gurken
4–6 EL	flüssige Sahne
1/2	Knoblauchzehe
2	Schalotten
1 EL	Estragonessig
einige Stängel	Dill
•	Salz, Pfeffer

Gurken schälen, der Länge nach durchschneiden und die Kerne entfernen. Die Gurkenhälften mit grobem Salz bestreuen, damit sie Wasser ziehen.

Knoblauch und Schalotten schälen. Gurken mit Küchenkrepp abtrocknen und mit Knoblauch, Schalotten, Essig und Sahne zu einer feinen Suppe pürieren.

Mit Salz und Pfeffer würzen und 1 Stunde in den Kühlschrank stellen. Die Kaltschale mit Dill garniert servieren.

Muschelsuppe

(Foto rechts)

FÜR 4 PERSONEN

Zubereitungszeit: 20 Minuten
Kochzeit: 15 Minuten

ZUTATEN:

1 kg	Miesmuscheln
4 EL	Olivenöl
100 ml	Weißwein
100 g	fettarme Crème fraîche
1	Eigelb
1	fein geschnittene Zwiebel
1/2	Knoblauchzehe
1	Zitronenscheibe
1 EL	gehackte Petersilie
•	Salz, Pfeffer, Curry

Muscheln putzen und mehrmals waschen. Zwiebel in Olivenöl hellbraun rösten, Weißwein angießen.

Muscheln zufügen, um sie zum Öffnen zu bringen, ein Glas Wasser dazugeben. Das Fleisch aus den Schalen lösen, den Sud durch ein Sieb passieren.

Den Sud zum Kochen bringen, Zitronensaft, Salz, Pfeffer, Prise Curry, Petersilie und Knoblauch zufügen. Das Ganze bei schwacher Hitze 8 Minuten kochen lassen.

Eigelb mit Crème fraîche verrühren und an die Brühe geben. Muschelfleisch ebenfalls hineingeben. Sofort servieren.

Abb. rechts: Muschelsuppe → Rezept siehe oben

Rettichcremesuppe

Für 4 Personen

Zubereitungszeit: 10 Minuten
Kochzeit: 10 Minuten

Zutaten:

2 Bund	Rettich mit Blättern
2	Lauchstangen
100 g	fettarme Crème fraîche
1 l	Geflügelbrühe
•	Salz, Pfeffer
2 EL	Olivenöl

Lauch, Rettich und Rettichblätter waschen, klein hacken und in Olivenöl dünsten.

Heiße Geflügelbrühe angießen und bei starker Hitze 5 Minuten kochen lassen. Das Ganze im Mixer pürieren und durch ein Sieb passieren.

Mit Salz und Pfeffer würzen. Nochmals erhitzen und kurz vor dem Servieren Crème fraîche zufügen.

Abb. links: Gazpacho → Rezept Seite 62

Auflauf mit Quark (V)

Für 4 Personen

Zubereitungszeit: 15 Minuten
Backzeit: 40 Minuten

Zutaten:

200 g Quark mit 20 % Fettgehalt
100 g fettarme Crème fraîche
50 g schwarze entsteinte Oliven
4 Eier
2 Tomaten
30 g Butter (zum Einfetten der Auflaufform)
1 Prise Oregano, Salz, Pfeffer

Tomaten 30 Sekunden in kochendes Wasser legen, abziehen und die Kerne entfernen. In Stücke schneiden, danach mit grobem Salz bestreuen, damit sie Wasser ziehen (etwa 30 Minuten), abtropfen lassen.

Quark mit Crème fraîche verrühren. Verquirlte Eier zufügen. Mit Salz, Pfeffer und Oregano würzen.

Die in Stücke geschnittenen Oliven und die Tomaten unterrühren und die Masse in eine gefettete Auflaufform geben. Im vorgeheizten Backofen bei 150 °C (Stufe 4–5) 40 Minuten backen.

Warm oder kalt servieren, nach Belieben Tomatenpüree zufügen (siehe S. 80).

Geflügelleberterrine

Für 8 Personen

Zubereitungszeit: 20 Minuten
Garzeit: 2 Stunden

Zutaten:

750 g	Geflügelleber
500 g	Bratwursthack
4	Schalotten
2	Knoblauchzehen
1	Sträußchen Kerbel
einige Blätter	Estragon
3	Eier
1 Glas	Armagnac
einige	Speckscheiben
•	Salz, Pfeffer

Geflügelleber in kleine Stücke schneiden und mit dem Bratwursthack vermengen. Knoblauch und Schalotten schälen und zusammen mit dem Kerbelsträußchen und den Estragonblättern klein hacken.

Das Ganze an die Mischung geben und mit Salz und Pfeffer würzen. Die verquirlten Eier und den Armagnac zufügen. Alles gut vermischen, bis eine homogene Masse entstanden ist.

Den Boden und die Wände einer Terrine mit Speckscheiben auslegen, danach die Masse hineingeben und glatt streichen. Mit Speckstückchen und einigen Estragonblättern garnieren.

Die Terrine mit einem Deckel verschließen und im vorgeheizten Backofen bei 220 °C (Stufe 7) in 2 Stunden garen.

Kalt servieren.

Geflügelterrine

Für 8 Personen

Zubereitungszeit: 20 Minuten
Garzeit: 2 Stunden

Zutaten:

- 500 g Hühner- oder Putenbrust (ersatzweise Kaninchen)
- 200 g Schweinefleisch
- 100 g gekochter Schinken
- 2 Eier
- 1 Zwiebel
- 5 Schalotten
- 1 Glas Cognac
- Thymian, Petersilie
- Salz, Pfeffer

Geflügel- und Schweinefleisch gar dämpfen. Zusammen mit dem Schinken, der Zwiebel und den Schalotten zu einer Farce pürieren.

Mit Petersilie und Thymian würzen. Den Cognac und die verquirlten Eier unterrühren, mit Salz und Pfeffer abschmecken.

Die Masse in eine Pastetenform (Terrine) geben, in ein Wasserbad stellen und im vorgeheizten Backofen bei 200 °C (Stufe 6) 2 Stunden lang garen.

Abkühlen lassen und aus der Form nehmen.

Gurkencreme mit Quark und Gurkenpüree (V)

Für 6 Personen

Zubereitungszeit: 30 Minuten
Kochzeit: 5 Minuten
Kühlzeit: 3 Stunden

Zutaten:

500 g	Quark mit 20 % Fettgehalt
200 ml	Milch
3 Blätter	Gelatine
400 g	Gurken
1/2	Gurke für das Püree
200 g	Tomaten
10 Blätter	frische Minze
•	Salz, Pfeffer

Tomaten für 30 Sekunden in kochendes Wasser legen, abziehen, entkernen, Gurken schälen.

Beides mit grobem Salz bestreuen und 1 Stunde lang Wasser ziehen lassen. Quark, Salz, Pfeffer und gehackte frische Minze miteinander vermengen.

Milch erhitzen und die zuvor in kaltem Wasser eingeweichten und ausgedrückten Gelatineblätter hineingeben. Das Ganze vorsichtig mit dem Quark vermengen.

Gurken und Tomaten abspülen und abtropfen lassen. In kleine Stückchen schneiden und unter den Quark rühren. Die Mischung in eine Kastenform geben und drei Stunden in den Kühlschrank stellen.

Die halbe Gurke und die restlichen Minzeblätter pürieren, mit Salz und Pfeffer würzen.

Vor dem Servieren aus der Form nehmen, Gurkenpüree darüber geben.

Tipp:

Statt Minze kann auch Basilikum und statt Gurkenpüree auch Tomatenpüree mit Basilikum verwendet werden.

Knoblauchauflauf mit Quark (V)

Für 4 Personen

Zubereitungszeit: 10 Minuten
Garzeit: 40 Minuten

Zutaten:

200 g Knoblauch
150 g Quark mit 20 % Fettgehalt
100 g Champignons aus der Dose
4 Eier
10 g Butter (zum Einfetten der Förmchen)
• Salz, Pfeffer

Knoblauchzehen schälen, Keime entfernen und 20 Minuten dämpfen oder in sehr wenig Wasser dünsten. Knoblauch und Champignons im Mixer pürieren.

Quark zufügen, mit Salz und Pfeffer würzen. Das Ganze so lange rühren, bis eine sämige Masse entstanden ist. Danach die verquirlten Eier unterrühren und mit einer Prise Salz abschmecken.

Die Masse in die mit Butter eingefetteten Förmchen geben und im Wasserbad 20 Minuten lang garen (die Oberfläche muss druckfest sein).

Warm servieren und mit Tomatenpüree und Basilikum anrichten (siehe S. 80).

PARMASCHINKENCREME MIT LAUCH

FÜR 6 PERSONEN

Zubereitungszeit: 20 Minuten
Garzeit: 40 Minuten

ZUTATEN:

2 kg	weiße Lauchteile
200 g	sehr dünne Scheiben Parmaschinken
1 Bund	Schnittlauch
30 g	Butter (zum Einfetten der Form)
2	Eier
100 g	geriebener Käse
•	Salz, Pfeffer
100 g	fettarme Sahne

Lauch waschen, 10 Minuten in kochendem Salzwasser blanchieren, abtropfen lassen.

Parmaschinken pürieren und die verquirlten Eier, die Sahne und den geriebenen Käse untermischen. Mit Salz, Pfeffer und gehacktem Schnittlauch würzen.

Schinken- und Lauchmasse abwechselnd in eine Kastenform schichten.

Im vorgeheizten Backofen bei 220 °C (Stufe 7) 30 Minuten lang garen.

In Scheiben schneiden, warm oder kalt servieren.

TIPP:

Die grünen Lauchteile können für eine Gemüsesuppe verwendet werden.

Schinkencreme mit Tomatenpüree

FÜR 4 PERSONEN

Zubereitungszeit: 25 Minuten
Kühlzeit: 12 Stunden

ZUTATEN:

320 g	gekochter Schinken
300 g	Quark mit 20 % Fettgehalt
4	Eiweiß
3 Blätter	Gelatine
20 ml	Madeira oder Portwein
4	mittelgroße Tomaten
•	Salz, Pfeffer, gehackte Petersilie

Schinken pürieren, Quark zugeben und so lange rühren, bis eine homogene Masse entstanden ist. Mit Salz, Pfeffer und gehackter Petersilie würzen.

Eiweiß steif schlagen und unter die Mischung heben.

Madeira oder Portwein zum Kochen bringen und die zuvor in kaltem Wasser eingeweichten und ausgedrückten Gelatineblätter hineingeben. Die Flüssigkeit unter die Mischung rühren und das Ganze in eine Auflaufform geben.

12 Stunden in den Kühlschrank stellen. Tomatenpüree zubereiten (siehe S. 80).

Vor dem Servieren die Creme aus der Form nehmen und das Tomatenpüree ringsum verteilen.

Spargelcreme (V)

Für 4 Personen

Zubereitungszeit: 15 Minuten
Kochzeit: 20 Minuten
Kühlzeit: 2 Stunden

Zutaten:

1 kg	Spargel
1/3 l	teilentrahmte Milch
6 Blätter	Gelatine
2	Eiweiß
1 EL	fettarme Crème fraîche

Spargel waschen, schälen und in kleine Stücke schneiden. Einige Spargelköpfe in Salzwasser kochen und zum Garnieren beiseite legen. Die übrigen Spargelstücke 20 Minuten in Milch kochen und das Ganze pürieren.

Die zuvor in kaltem Wasser eingeweichte und ausgedrückte Gelatine und die Crème fraîche unterrühren. Mit Salz und Pfeffer würzen und einige Minuten abkühlen lassen.

Eiweiß steif schlagen und unter die Masse heben. Die Mischung in vier angefeuchtete Förmchen geben und zwei Stunden in den Kühlschrank stellen.

Vor dem Servieren aus den Förmchen nehmen und mit den Spargelköpfen garnieren.

Tipp:
Die Creme kann auch in der Tellermitte angerichtet und mit einigen ganzen Spargelstangen garniert werden. Dazu bietet sich eine Essig-Öl-Marinade (1 TL) aus Balsamessig und Olivenöl an.

Spinat-Lachs-Terrine

Für 4 Personen

Zubereitungszeit: 30 Minuten
Kochzeit: 10 Minuten
Kühlzeit: 2-3 Stunden

Zutaten:

- 200 g Spinat
- 200 g frisches Lachsfilet (ohne Haut)
- 200 g fettarme Sahne
- 2 EL Olivenöl
- 3 Blätter Gelatine
- 200 g fettarme Crème fraîche für die Sauce
- 2 Limetten in Scheiben geschnitten
- Salz, Pfeffer

Spinat waschen, Stiele entfernen, klein hacken und bei schwacher Hitze in Olivenöl dünsten. Den rohen Lachs mit dem gekochten Spinat fein pürieren.

Sahne steif schlagen. 2 EL Schlagsahne in einem Topf leicht erwärmen und die zuvor in kaltem Wasser eingeweichte und ausgedrückte Gelatine hineingeben.

Das Ganze unter das Püree mischen, danach die restliche Schlagsahne unterheben und mit Salz und Pfeffer würzen.

Eine niedrige Form mit Aluminiumfolie auslegen und die Masse hineingeben. Die Form mit einem weiteren Stück Aluminiumfolie fest verschließen. 2–3 Stunden in den Kühlschrank stellen.

Vor dem Servieren die Terrine in Scheiben schneiden, mit Crème fraîche anrichten und den Limettenscheiben garnieren.

Surimipastete

FÜR 6 PERSONEN

Zubereitungszeit: 30 Minuten
Kochzeit: 3 Minuten
Kühlzeit: 12 Stunden

ZUTATEN:

- 400 g tiefgefrorene Surimistäbchen (gepresstes Krabben- und Fischfleisch)
- 2 Avocados
- 4 hart gekochte Eier
- 4 EL fettarme Crème fraîche
- 4 EL gehackter Kerbel
- 1 Dose zerpflücktes Krabbenfleisch
- 4 Blätter Gelatine
- Saft einer Zitrone
- 1 TL Olivenöl (für die Form)
- Salz, Pfeffer

Surimistäbchen im Kühlschrank auftauen lassen. Avocados schälen und die Kerne entfernen. Das Fruchtfleisch mit 2 EL Crème fraîche pürieren. Mit Zitronensaft, Salz, Pfeffer und Kerbel würzen.

Eine Kastenform mit Olivenöl einfetten und den Boden und die Wände mit Surimistäbchen auslegen.

Einige Stäbchen zum Bedecken beiseite legen. Die übrigen Surimistäbchen und die hart gekochten Eier klein schneiden.

Die restliche Crème fraîche erwärmen und die zuvor in kaltem Wasser eingeweichten und ausgedrückten Gelatineblätter dazugeben.

Die klein geschnittenen Surimistäbchen und Eier miteinander vermengen und die Hälfte der erwärmten Crème fraîche unterrühren. Abkühlen lassen.

Das zerpflückte Krabbenfleisch abtropfen lassen und den Rest der erwärmten Crème fraîche dazugeben. Umrühren und abkühlen lassen. Surimi-, Avocado- und Krabbenmasse abwechselnd in die vorbereitete Kastenform schichten, mit einer Surimischicht abschließen.

Die restlichen Surimistäbchen darauf verteilen und 12 Stunden in den Kühlschrank stellen.

Ziegenkäsesoufflé (V)

Für 6 Personen

Zubereitungszeit: 15 Minuten
Backzeit: 20 Minuten

Zutaten:

200 g Quark mit 20 % Fettgehalt
50 g frischer Ziegenkäse
4 Eigelb
- Olivenöl (für die Förmchen)
- Salz und Pfeffer

Quark mit dem Ziegenkäse vermischen. Eigelb unterrühren, mit Salz und Pfeffer würzen.

Eiweiß steif schlagen und nach und nach unter die Käsemasse heben. Sechs Förmchen mit etwas Olivenöl ausstreichen und die Masse hineingeben.

Ein Wasserbad vorbereiten und die Förmchen in die mit 2 cm hoch kochendem Wasser gefüllte Form stellen.

Im vorgeheizten Backofen auf mittlerer Schiene bei 200 °C (Stufe 6) 15–20 Minuten backen.

Sofort servieren.

Artischocken mit Quark (V)

Für 6 Personen

Zubereitungszeit: 40 Minuten
Kochzeit: 20-25 Minuten

Zutaten:

- 6 Artischocken (oder küchenfertige Artischockenböden)
- 125 g Roquefort
- 5 EL Quark mit 20 % Fettgehalt
- 1 Zitrone
- 2 oder 3 EL fettarme Crème fraîche
- Salz, Pfeffer, Muskatnuss

Artischocken putzen und bis auf die Artischockenböden alles entfernen (das ungenießbare strohige Innere, ist nach dem Kochen leichter zu entfernen, deshalb eventuell mitkochen).

Die Böden mit Zitronensaft einreiben, um die weiße Farbe zu erhalten. Wasser aufsetzen, Salz und Zitronensaft zufügen und die Böden darin kochen.

Beim Kochen darauf achten, dass die Böden nicht zu weich werden. Den Kochvorgang beenden, sobald sie mit dem Messer eingeschnitten werden können. Nach dem Kochen abtropfen und abkühlen lassen.

Den Roquefort zerbröckeln und mit dem Quark und der Crème fraîche vermengen. Das Ganze schlagen, bis eine sämige Masse entstanden ist, und mit Pfeffer, Muskatnuss und einer Prise Salz würzen.

Vor dem Servieren die Artischockenböden damit füllen.

Auberginenpüree (V)

FÜR 6 PERSONEN

Zubereitungszeit: 25 Minuten
Garzeit: 1 Stunde

ZUTATEN:

- 4 Auberginen
- 2 Tomaten
- 4 EL Olivenöl
- 1 Bouquet garni (Kräutersträußchen aus Petersilie, Thymian, Lorbeerblatt)
- 1 Knoblauchzehe
- 2 Schalotten
- Salz, Pfeffer

Auberginen waschen, trockentupfen, halbieren und mit einem Messer leicht einschneiden.

Die Auberginenhälften in eine Backform legen, salzen, pfeffern. Ein Schuss Olivenöl darüber geben und im vorgeheizten Backofen bei 200 °C (Stufe 6) 30 Minuten lang garen. Die gegarten Auberginen aus dem Ofen nehmen, aushöhlen und die Masse (Fleisch und Kerne) beiseite legen.

Tomaten 30 Sekunden in kochendes Wasser legen, abziehen und die Kerne entfernen.

Den Knoblauch und die klein geschnittenen Schalotten in einem Topf in 1 EL Olivenöl dünsten. Danach die in Stücke geschnittenen Tomaten und das Bouquet garni zufügen.

Das Ganze 10 Minuten köcheln lassen. Danach das Bouquet garni herausnehmen.

Mit Salz und Pfeffer würzen, die Auberginenmasse dazugeben und bei schwacher Hitze nochmals 30 Minuten kochen lassen.

Das Ganze im Mixer pürieren, abkühlen lassen. Das Auberginenpüree sehr kalt servieren.

Gurke mit Joghurtsauce und Minze (V)

FÜR 6 PERSONEN

Zubereitungszeit: 30 Minuten

ZUTATEN:

- 3 Gurken
- 3 Naturjoghurts à 150 g
- 1 TL frischer gehackter Fenchel
- 3 EL Olivenöl
- 1 TL frische gehackte Minze
- 1 TL Salz
- 2 EL Weinessig
- 2 Knoblauchzehen

Gurken schälen, halbieren, entkernen und in kleine Stücke schneiden. Mit grobem Salz bestreuen und 15 Minuten Wasser ziehen lassen.

Den Essig und den zerdrückten Knoblauch in einer Schüssel vermischen und 10 Minuten ziehen lassen. In einer anderen Schüssel den Joghurt, das Olivenöl und den Fenchel vermengen.

Die Essig-Knoblauch-Mischung durch ein feines Sieb passieren und zur Joghurtmischung geben.

Gurkenstückchen abspülen, abtropfen lassen und trockentupfen.

Gurken mit der Joghurtsauce servieren, gehackte Minze darüber streuen.

Gurkensorbet mit Tomatenpüree (V)

FÜR 4 PERSONEN:

Zubereitungszeit: 10 Minuten
Kühlzeit: 3 1/2 Stunden

ZUTATEN:

- 1 Gurke
- 2 Vollmilch-Joghurts à 150 g
- 8 Blätter frische Minze
- 2 feste Tomaten
- Saft einer Zitrone
- Salz

Gurke schälen, der Länge nach halbieren, die Kerne entfernen und mit grobem Salz bestreuen, damit sie Wasser zieht. Das Fruchtfleisch mit den frischen Minzeblättern, dem Joghurt und dem Salz pürieren.

Die Masse in Eiswürfelbereiter geben und 3 Stunden ins Gefrierfach stellen.

Tomaten 30 Sekunden in kochendes Wasser legen, abziehen und die Kerne entfernen.

Das Fruchtfleisch abtropfen lassen, mit dem Zitronensaft pürieren, salzen.

Die gefrorenen Gurkenwürfel im Mixer zerkleinern, in eine Form geben und nochmals 30 Minuten ins Gefrierfach stellen.

Kugeln daraus formen und mit Tomatenpüree servieren.

Abb. rechts: Griechischer Salat → Rezept Seite 85

Tomaten mit Thunfisch

Für 6 Personen
Zubereitungszeit: 30 Minuten

Zutaten:

6	mittelgroße Tomaten
1/2 Dose	Thunfisch in Wasser
500 g	frische Erbsen
200 ml	Sonnenblumenöl und
1 EL	Olivenöl
1 TL	Senf
3	Knoblauchzehen
1	Eigelb
1 EL	gehackte Petersilie
•	Salz, Pfeffer

Von jeder Tomate eine Kappe abschneiden. Die Tomaten mit einem kleinen Löffel aushöhlen (das Fruchtfleisch beiseite legen), mit der Öffnung nach unten drehen und abtropfen lassen. Erbsen enthülsen und in Salzwasser 2 Minuten kochen. Danach aus dem Topf nehmen, abkühlen lassen.

Füllung vorbereiten:
Drei Knoblauchzehen zerdrücken, das Eigelb und den Senf untermischen. Unter ständigem Rühren zuerst das Sonnenblumenöl, dann das Olivenöl tropfenweise hinzufügen, bis eine Mayonnaise entstanden ist. Mit Salz und Pfeffer würzen.

Den Thunfisch abtropfen lassen und zerpflücken. Die Mayonnaise, die Erbsen und das abgetropfte Fleisch der Tomaten untermischen. Die Tomaten mit dieser Mischung füllen und mit gehackter Petersilie bestreuen.

Die abgeschnittenen Kappen auf die gefüllten Tomaten legen. Kühl servieren.

Abb. links: Entenbrustsalat → Rezept Seite 83

Bohnen-Muschel-Salat

Für 6 Personen

Zubereitungszeit: 25 Minuten
Kochzeit: 1 Stunde

Zutaten:

250 g	weiße Bohnen (außer Dicke Bohnen)
1,5 kg	Miesmuscheln
2	Tomaten
2	Zwiebeln
2	Perlzwiebeln
1	Bouquet garni (Kräutersträußchen)
1 EL	gehackte Petersilie
4 EL	Olivenöl
1 EL	Essig
1 TL	Senf
1 EL	fettarme Crème fraîche
•	Salz, Pfeffer

Bohnen 12 Stunden in Wasser einweichen, danach mit Zwiebeln und dem Bouquet garni 1 Stunde in Salzwasser kochen. Abtropfen und abkühlen lassen.

Muscheln waschen, bei starker Hitze zum Öffnen bringen, danach das Fleisch aus den Schalen lösen. Salatsauce anrühren und Crème fraîche, gehackte Perlzwiebeln und Petersilie zufügen. Mit Salz und Pfeffer würzen.

Vor dem Servieren Muschelfleisch und Bohnen mit der Salatsauce vermengen und durchziehen lassen. Mit Tomatenscheiben garnieren.

ENTENBRUSTSALAT

(Foto vor Seite 81)

FÜR 2 PERSONEN

Zubereitungszeit: 25 Minuten
Kochzeit: 30 Minuten

ZUTATEN:

- 1 Lauchstange (weißer Teil)
- 2 EL Sonnenblumenöl
- 1 Entenbrust
- 1 EL Himbeeressig
- 1/8 l Rotwein
- 2 EL Himbeeren
- • Muskatnuss
- • Salz, Pfeffer

Lauch waschen und in schmale Ringe schneiden. Lauchringe in heißem Sonnenblumenöl dünsten und mit Salz, Pfeffer und geriebener Muskatnuss würzen.

Entenbrust in einer Pfanne bei starker Hitze goldbraun braten, dabei die fette Seite zuerst anbraten. Aus der Pfanne nehmen und beiseite legen.

Den Essig in die entfettete Pfanne gießen und einige Minuten köcheln lassen. Danach den Rotwein hineingeben, nochmals einkochen lassen.

Teller kranzförmig mit Lauch belegen, Entenbrust in dünne Scheiben schneiden und auf dem Lauchkranz anrichten.

Vor dem Servieren die Sauce darüber gießen und mit frischen Himbeeren garnieren.

GÄRTNERSALAT (V)

FÜR 6 PERSONEN

Zubereitungszeit: 1 Stunde
Kochzeit: 25 Minuten
Kühlzeit: 20–30 Minuten

ZUTATEN:

1 kg	dünne Spargel (weiß oder grün)
250 g	grüne Bohnen
1/2	Blumenkohl
1	Gurke
1 Bund	Radieschen
1	Kopfsalat
1	mittelgroße Zwiebel
1 Sträußchen	Kerbel
2 Zweige	Estragon
1 Bund	Kresse

SALATSAUCE:

4 EL	Olivenöl
1 EL	Essig
•	Salz, Pfeffer

Grüne Bohnen nicht länger als etwa 12 Minuten kochen, damit sie knackig bleiben, und in einige Zentimeter lange Stücke schneiden. Spargel schälen, ebenfalls bissfest kochen und in mundgerechte Stücke schneiden.

Gurke ungeschält waschen und in dünne Scheiben schneiden. Blumenkohl in Röschen teilen und 2 Minuten in kochendem Wasser blanchieren.

Salatsauce anrühren und gehackten Kerbel und Estragon, gehackte Kresseblättchen und Zwiebelringe hineinmischen.

Kopfsalat waschen, das Herz in Streifen schneiden. Die Hälfte der Radieschen in Scheiben schneiden. Alle Salatzutaten mit der Sauce vermengen und 20–30 Minuten im Kühlschrank ziehen lassen.

Vor dem Servieren mit den restlichen Radieschen garnieren.

Griechischer Salat (V)

(Foto nach Seite 80)

Für 4 Personen

Zubereitungszeit: 15 Minuten

Zutaten:

- 1 Gurke
- 4 Tomaten
- 1 Zwiebel (weiß oder rot)
- 2 kleine grüne Paprikaschoten
- 150 g Feta
- 24 schwarze Oliven
- 1 EL gehackte Petersilie oder einige Blätter Basilikum

Salatsauce:

- 2 EL Olivenöl
- 2 EL Weinessig
- Salz, Pfeffer

Tomaten waschen und vierteln. Gurke schälen und in mittelgroße Scheiben schneiden.

Zwiebel ebenfalls schälen und in Ringe schneiden.

Paprikaschoten entstielen, schälen und entkernen. Danach in Stücke schneiden.

Salatsauce aus Olivenöl, Essig, Salz und Pfeffer anrühren. Die Salatzutaten mit der Sauce vermengen und auf Tellern anrichten.

Mit Fetastückchen, schwarzen Oliven und gehackter Petersilie garniert servieren.

Linsensalat mit geräuchertem Schellfisch

Für 4 Personen

Zubereitungszeit: 20 Minuten
+ Einweichzeit: 12 Stunden
Kochzeit: 30 Minuten

Zutaten:

- 200 g grüne Linsen
- 250 g frischer geräucherter Schellfisch
- 1 Zwiebel,
- 1 Bouquet garni (Kräutersträußchen)
- 1 Gewürznelke
- 1/4 l teilentrahmte Milch
- Salz, Pfefferkörner

Sauce:

- 4 EL Olivenöl
- 1 EL Balsamessig
- 1 TL Senf
- Salz, Pfeffer, Petersilie oder Schnittlauch

Linsen 12 Stunden in Wasser einweichen. Zwiebel schälen und mit der Gewürznelke spicken. Das Bouquet garni und Zwiebel in einen Schmortopf geben, Linsen und Pfefferkörner zufügen. So viel kaltes Wasser angießen, dass der Topfinhalt bedeckt ist.

Das Ganze 30 Minuten kochen. Nach Ende der Kochzeit Salz zufügen.

Den Schellfisch 6 Stunden in Milch einlegen, abtropfen lassen. Milch zum Kochen bringen und den Schellfisch 7–8 Minuten lang darin garen.

Eine Salatsauce aus Olivenöl, Essig, Senf und Gewürzen anrühren. Linsen abtropfen lassen, den Fisch in Stücke schneiden. Vor dem Servieren alles miteinander vermengen.

Orientalischer Salat (V)

FÜR 4 PERSONEN

Zubereitungszeit: 20 Minuten

ZUTATEN:

150 g Sojabohnensprossen
1/2 Gurke
100 g Weißkohl
100 g Rotkohl

SALATSAUCE:

2 EL Weinessig
1 EL Olivenöl
1 EL Sojasauce (Fertigsauce)
• Salz, Pfeffer

Gemüse waschen und abtropfen lassen. Den Kohl mit einem scharfen Messer in feine Streifen schneiden. Gurke schälen und in kleine Würfel schneiden.

Salatsauce aus Olivenöl, Essig, Sojasauce, Salz und Pfeffer anrühren.

Das Gemüse mit der Salatsauce vermengen. Kühl servieren.

Salat mit Lyoner Wurst

FÜR 6 PERSONEN

Zubereitungszeit: 20 Minuten
Kochzeit: 25 Minuten

ZUTATEN:

1 Kopf	krauser Endiviensalat/ Friséesalat
300 g	Speck
200 g	Lyoner Wurst
•	Olivenöl
•	Weinessig
•	Salz, Pfeffer

Lyoner Wurst in gesalzenem Wasser 20 Minuten köcheln lassen. Salat waschen und trockenschleudern.

Speck fünf Minuten in kochendem Wasser blanchieren, auf Küchenkrepp abtropfen lassen und in Würfel schneiden. Speckwürfel in einer Pfanne rösten.

Salatsauce anrühren, den Salat damit anmachen. Die in Scheiben geschnittene Lyoner Wurst und die Speckwürfel darauf verteilen.

Sofort servieren.

Salat mit Meeresfrüchten

für 6 Personen

Zubereitungszeit: 30 Minuten
Kochzeit: 30 Minuten

Zutaten:

- 500 g Tintenfische
- 1 Päckchen Fischbrühe
- 500 g Miesmuscheln
- 500 g Herzmuscheln
- 1 Glas trockener Weißwein
- 1 Kopf krauser Endiviensalat/Friséesalat (oder römischer Salat)
- 3 Tomaten
- Saft einer Zitrone
- Olivenöl
- gehackte Küchenkräuter
- Salz, Pfeffer

Küchenfertige Tintenfische auswählen, putzen und in Streifen schneiden. Mit der Hälfte der Fischbrühpackung in kochendes Wasser geben, 15–20 Minuten kochen. Danach abtropfen lassen und trockentupfen.

Herzmuscheln waschen und in einem Schmortopf bei starker Hitze in Weißwein zum Öffnen bringen. Das Fleisch aus den Schalen lösen, abtropfen lassen (Kochwasser nicht wegschütten).

Miesmuscheln bei starker Hitze zum Öffnen bringen, von den Schalen befreien. Danach eine Sauce aus 2/3 des Kochwassers der Herzmuscheln, 1/3 Olivenöl, Zitronensaft, gehackten Küchenkräutern, Salz und Pfeffer anrühren. Die Meeresfrüchte mit der Sauce vermengen und 20–30 Minuten ziehen lassen.

Den Salat in schmale Streifen schneiden und eine Schüssel damit auslegen. Vor dem Servieren die Meeresfrüchte darauf verteilen und mit Tomatenvierteln garnieren.

Salat mit Paprikagewürz

Für 6 Personen

Zubereitungszeit: 20 Minuten
Kochzeit: 3 Minuten

Zutaten:

- 1 Kopfsalat
- 6 Tomaten
- 3 hart gekochte Eier
- 200 g Thunfisch in Wasser (aus der Dose)
- 200 g tiefgefrorene geschälte Krabben
- 400 g frische Champignons
- Saft einer Zitrone

Salatsauce:

- 3-4 EL Olivenöl
- 1-2 EL Weinessig
- 1 EL Paprika
- Senf, Salz, Pfeffer

Die erdigen Stielansätze der Champignons entfernen. Champignons in kaltem Wasser gründlich waschen und abtropfen lassen. In Scheiben schneiden und mit Zitronensaft beträufeln.

Die tiefgefrorenen Krabben 3 Minuten in kochendes reichlich gesalzenes Wasser geben, danach unter kaltem Wasser abschrecken.

Den Salat in schmale Streifen schneiden. Die Tomaten in Scheiben schneiden und die Eier vierteln. Den Thunfisch abtropfen lassen und zerpflücken.

Alle Salatzutaten in eine Schüssel geben.

Salatsauce anrühren (Olivenöl, Essig, Senf, Salz und Pfeffer) und den Paprika untermischen.

Sauce gesondert zum Salat reichen.

Sauerkrautsalat mit Jakobsmuscheln

Für 4 Personen

Zubereitungszeit: 10 Minuten
Garzeit: 7 Minuten

Zutaten:

- 600 g rohes Sauerkraut
- 12 Spargelköpfe
- 8 ausgelöste rohe Jakobsmuscheln
- Saft einer Zitrone
- 3 EL Olivenöl
- Kerbel, Salz, Pfeffer

Sauerkraut mit Zitronensaft, Salz, Pfeffer und Olivenöl anmachen. Spargelköpfe 7 Minuten gar dämpfen oder 5 Minuten in Salzwasser gar kochen.

Muschelfleisch halbieren und in einer Pfanne bei starker Hitze auf jeder Seite 1 Minute braten. Mit Salz und Pfeffer würzen.

Sauerkraut auf Tellern anrichten, Muschelfleisch und Spargelköpfe darauf verteilen.

Mit Kerbel garniert servieren.

Sojabohnensprossensalat mit Scampi

Für 6 bis 8 Personen

Zubereitungszeit: 45 Minuten
Kochzeit: 20 Minuten

Zutaten:

- 500 g Sojabohnensprossen
- 300 g frische Champignons
- 250 g tiefgefrorene Erbsen
- 6 kleine Tomaten
- 1 Bund Radieschen
- Saft zweier Zitronen
- 1 kg Scampi (16–20 Stück)
- 100 g schwarze Oliven

Salatsauce:

- 5 EL Olivenöl
- 1 EL Weinessig
- 1 Zwiebel
- 1 Knoblauchzehe
- Salz, Pfeffer

Sojabohnensprossen waschen und 3 Minuten in kochendem Salzwasser blanchieren.

Unter kaltem Wasser abschrecken und abtropfen lassen.

Scampi 5 Minuten in gesalzenem Wasser kochen. Unter kaltem Wasser abschrecken und schälen. Einige Scampi zum Garnieren beiseite legen, die übrigen zerpflücken.

Die erdigen Stielansätze der Champignons entfernen. Champignons in Zitronenwasser waschen und in dünne Scheiben schneiden.

Erbsen in gesalzenem Wasser kochen. Anschließend Salatsauce aus 5 EL Olivenöl, 1 EL Essig, klein geschnittener Zwiebel, zerdrücktem Knoblauch, Salz und Pfeffer anrühren.

Gemüse und Scampi mit der Salatsauce vermengen und 20–30 Minuten ziehen lassen.

Vor dem Servieren mit den restlichen Scampi, den gewaschenen und entstielten Radieschen, den Tomatenvierteln und den schwarzen Oliven garnieren.

Weisskohlsalat mit Speckwürfeln

FÜR 8 PERSONEN

Zubereitungszeit: 30 Minuten
Kochzeit: 5 Minuten

ZUTATEN:

1 großer Kopf Weißkohl
400 g geräucherter Speck
5 hart gekochte Eier
- gehackte Petersilie

SALATSAUCE:

- Olivenöl
- Essig
- Senf, Salz, Pfeffer

Die äußeren Kohlblätter entfernen und den Kohl unter fließendem Wasser waschen.

Mit einem Geschirrtuch oder Küchenkrepp trockentupfen.
Den Kohl halbieren oder vierteln. Danach mit einem scharfen Messer klein schneiden.

Die hart gekochten Eier halbieren, das Eigelb herausnehmen und im Mixer zerkleinern.

Das Eiweiß in kleine Würfel oder schmale Streifen schneiden.
Den Fettrand des Specks entfernen. Danach den Speck fein würfeln und in einer antihaftbeschichteten Pfanne in etwas Olivenöl leicht rösten.

Eine herkömmliche Salatsauce aus Olivenöl, Senf, Essig, Salz und Pfeffer anrühren.

Den Kohl auf einer Platte oder einzelnen Tellern anrichten, die Eiweißwürfel darauf verteilen und das zerkleinerte Eigelb und die Petersilie darüber streuen. Mit der Salatsauce übergießen.

Kurz vor dem Servieren die heißen Speckwürfel an den Salat geben.

Eier in Aspik

FÜR 6 PERSONEN

Zubereitungszeit: 30 Minuten
Kochzeit: 3–4 Minuten
Kühlzeit: 3–4 Stunden

ZUTATEN:

- 12 Eier
- 1/4 l Gelierflüssigkeit (aus 1 Päckchen Fertigpulver)
- 2 dünne Scheiben gekochter Schinken
- Weißweinessig
- einige Blätter Estragon und Kopfsalat
- Schnittlauch

In sechs Förmchen 1 cm hoch Gelierflüssigkeit gießen und mit einigen Estragonblättern bedecken. Im Kühlschrank erstarren lassen.

Schnittlauch grob hacken und den Schinken in sechs gleichgroße Stücke schneiden. Die Eier 5 Minuten in Essigwasser kochen und abkühlen lassen.

Die Eier mit etwas Schnittlauch in die Förmchen geben und mit einem Stück Schinken bedecken. Den restlichen Geliersud darüber gießen und 3–4 Stunden in den Kühlschrank stellen.

Vor dem Servieren aus den Förmchen nehmen und auf einer mit Salat garnierten Platte anrichten.

EIER IN KRANZFORM

FÜR 6 PERSONEN

Zubereitungszeit: 10 Minuten
Backzeit: 10 Minuten

ZUTATEN:

12	Eier
10 g	Butter für die Form
300 g	**gemischter Salat:** Parmaschinken, Greyerzer, Knollensellerie oder grüne Bohnen, tiefgefrorene Tintenfische, Paprikaschoten, Tomaten und Salatsauce

Eine Kranzform (20/22 cm) mit Butter ausstreichen. Ein Wasserbad vorbereiten und die Form hineinstellen (sie sollte zur Hälfte mit Wasser bedeckt sein).

Die Eier einzeln in die Form schlagen und mit Salz und Pfeffer würzen. Im vorgeheizten Backofen bei 200 °C (Stufe 6) 10 Minuten backen (das Eigelb muss weich bleiben).

Abkühlen lassen, mit einem Messer aus der Form lösen und auf einer Platte anrichten.

Den gemischten Salat zubereiten:

- Schinken, Paprikaschoten, Sellerie bzw. grüne Bohnen in Streifen schneiden, Greyerzer würfeln und Tomaten vierteln;
- Tintenfische in Streifen schneiden und mit den Schalotten in Olivenöl 2–3 Minuten dünsten. Zu den übrigen Salatzutaten geben.

Vor dem Servieren den Salat anmachen und in der Mitte des Eierkranzes anrichten.

Gefüllte Eierhälften

FÜR 6 PERSONEN

Zubereitungszeit: 30 Minuten
Kochzeit: 10 Minuten

ZUTATEN:

12	Eier
150 g	schwarze Oliven
1 kleine Dose	Sardellenfilet in Öl
1 kleine Dose	Thunfisch
2 EL	Tapenade (Olivenpaste mit Kapern)
1 EL	gehackte Küchenkräuter
•	Olivenöl
•	Salz, Pfeffer

Eier 10 Minuten in Wasser kochen und der Länge nach halbieren. Das Eigelb herausnehmen und im Mixer zerkleinern oder mit einer Gabel zerdrücken (2 EL davon zum Garnieren beiseite legen).

Das zerkleinerte Eigelb in drei Portionen teilen:

- die erste Portion mit dem zerpflückten Thunfisch, einer Prise Küchenkräuter, Salz, Pfeffer und Olivenöl vermengen;
- die zweite Portion mit den pürierten Sardellenfilets vermischen und mit Küchenkräutern und einigen Tropfen Öl aus der Dose würzen;
- die dritte Portion mit der Tapenade verrühren.

Danach die Eierhälften in drei Portionen teilen. Die ersten acht Hälften mit der Thunfischmasse, die zweiten acht Hälften mit der Sardellenmasse und die letzten acht Hälften mit der Tapenade füllen.

Das restliche Eigelb darüber streuen und mit schwarzen Oliven garnieren.

Fischpastete

Für 6 Personen

Zubereitungszeit: 15 Minuten
Garzeit: 40 Minuten

Zutaten:

600 g	Kabeljaufilet
2–3	vollreife Tomaten
6	Eier
4	Knoblauchzehen
1 Bund	Basilikum
4 EL	Olivenöl
•	Salz, Pfeffer

Tomaten 30 Sekunden in kochendes Wasser legen, abziehen und die Kerne entfernen.

Mit dem zerdrückten Knoblauch in Olivenöl dünsten, bis kein Saft mehr vorhanden ist.

Rohes Kabeljaufilet im Mixer pürieren und Tomatenpüree, verquirlte Eier, gehackte Basilikumblätter, Salz und Pfeffer unterrühren.

Eine Kastenform mit Olivenöl ausstreichen, die Masse hineingeben und im vorgeheizten Backofen bei 180 °C (Stufe 5) 40 Minuten lang im Wasserbad garen.

Die Pastete aus der Form nehmen und kalt oder warm servieren. Nach Belieben Mayonnaise (mit Olivenöl) oder Tomatenpüree dazu reichen.

Fischsoufflé mit Kressesauce

für 6 Personen

Zubereitungszeit: 20 Minuten
Backzeit: 25 Minuten

Zutaten:

200 g	Weißfischfilet
4	Eier
6 EL	Crème fraîche
25 g	Butter (zum Einfetten der Förmchen)
2 TL	Zitronensaft
2 EL	frische gehackte Petersilie

Sauce aus:

1 Bund	Kresse
6 EL	Weißwein
2 EL	Schlagsahne
•	Salz, Pfeffer
2	Schalotten, klein geschnitten

Fischfilet putzen, unter kaltem Wasser abwaschen und mit Küchenkrepp trockentupfen.

Im Mixer pürieren, Eigelb und Crème fraîche untermischen. Mit Zitronensaft, Petersilie, Salz und Pfeffer würzen.

Eiweiß steif schlagen und vorsichtig unter die Mischung heben, damit sie nicht zusammenfällt.

Auflaufförmchen mit Butter ausstreichen und die Masse hineingeben. Im vorgeheizten Backofen bei 180 °C (Stufe 5) 20 Minuten backen, dann bei 200 °C (Stufe 6) weitere 5 Minuten backen.

In der Zwischenzeit die Sauce zubereiten:

Kresse, Schalotten und Weißwein bei starker Hitze einige Minuten einkochen lassen. Das Ganze pürieren und bei schwacher Hitze nochmals eindicken lassen.

Durch ein Sieb passieren, damit eine feine Sauce entsteht, Schlagsahne unterheben und mit Salz und Pfeffer würzen.

Soufflés auf Tellern anrichten und die Sauce dazu reichen.

Forellenterrine mit Fenchel

FÜR 4 PERSONEN

Zubereitungszeit: 1 Stunde
Kochzeit: 20 Minuten
Kühlzeit: 12 Stunden

ZUTATEN:

1	kleine Lachsforelle (etwa 1 kg)
200 g	fettarme Schlagsahne
1/4 l	Gelierflüssigkeit (aus gemahlener Gelatine)
2 Zweige	Thymian
3	Lorbeerblätter
1	große Zwiebel, gespickt mit
3	Gewürznelken
1	Knoblauchzehe
600 g	Fenchel
1	Limette
2 EL	Olivenöl
1 Bund	Dill
•	Salz, Pfefferkörner

Wasser zum Kochen bringen, Salz, Pfefferkörner, gespickte Zwiebel, Lorbeerblätter, Thymian und Knoblauchzehe zufügen. Forelle in den kochenden Sud geben.

Vom Aufkochzeitpunkt an 10 Minuten bei schwacher Hitze kochen. Topf vom Herd nehmen und die Forelle in dem Sud abkühlen lassen. Fenchel putzen und die harten Stiele entfernen.

Die restlichen Stiele halbieren und im Schnellkochtopf 10 Minuten lang garen. Die Brühe durch ein Sieb passieren und die Gelatine damit anrühren (nach Packungsaufschrift).

Forelle enthäuten, entgräten und mit einer Gabel zerdrücken. Mit der Hälfte des leicht erstarrten Geliersuds vermengen und das Ganze pürieren. Danach restliche Gelierflüssigkeit, Schlagsahne, Salz und Pfeffer unterrühren.

bitte umblättern ☛

Eine Kastenform anfeuchten, die Masse hineingeben und einen Tag in den Kühlschrank stellen.

Gegarten Fenchel unter Zugabe von Zitronensaft im Mixer pürieren. Durch ein Sieb passieren, mit Salz, Pfeffer und Dill würzen. Kühl stellen.

Die Terrine 15 Minuten vor dem Servieren aus dem Kühlschrank nehmen, ganz zum Schluss aus der Form lösen und in dicken Scheiben mit Fenchelpüree servieren.

KRABBENSALAT

FÜR 6–8 PERSONEN

Zubereitungszeit: 15 Minuten
Kochzeit: 5 Minuten

ZUTATEN:

1 große Dose	Krabben (300 g)
2	Avocados
4	Artischocken
2	Selleriestangen
1	Kopfsalat
2	Zitronen

SAUCE:

1	Eigelb
•	Sonnenblumenöl
1/2 EL	Senf
4 EL	fettarme Sahne
2 TL	gehackte Petersilie
•	Salz, Pfeffer

Salat waschen, abtropfen lassen. Artischockenböden putzen, das ungenießbare strohige Innere entfernen und mit Zitronensaft beträufeln, um die weiße Farbe zu erhalten.

Danach in Streifen schneiden und 5 Minuten in kochendes gesalzenes Wasser legen. Nach dem Kochen unter kaltem Wasser abschrecken, abtropfen lassen.

Die Kerne der Avocados entfernen, das Fruchtfleisch mit einem Kugelausstecher zu Kugeln formen und mit Zitronensaft beträufeln, damit es nicht braun wird.

Selleriestangen in Würfel schneiden. Danach alle Salatzutaten mit den Krabben vermengen.

Eine Mayonnaise aus Sonnenblumenöl zubereiten, Schlagsahne und Petersilie zufügen.

Mit Salz und Pfeffer würzen.

Vor dem Servieren den Salat mit der Sauce übergießen.

Lachscreme

FÜR 8 BIS 10 PERSONEN

Zubereitungszeit: 30 Minuten
Garzeit: 1 1/2 Stunden

ZUTATEN:

1 kg	frisches Lachsfilet
1 kg	Seelachsfilet (oder Seehecht)
4	Eiweiß
100 g	fettarme Crème fraîche
200 g	Mayonnaise
einige Blätter	Sauerampfer
•	Salz, Pfeffer

Seelachsfilet (oder Seehecht) putzen, pürieren und mit Salz und Pfeffer würzen. Danach Crème fraîche unterrühren.

Eiweiß steif schlagen und vorsichtig unter die Masse heben.

Eine Kastenform mit Aluminiumfolie auslegen und abwechselnd mit einer Schicht Seelachspüree und einer Schicht Lachsstreifen auffüllen. Im vorgeheizten Backofen bei 150 °C (Stufe 4–5) 1 Stunde lang im Wasserbad garen.

Eine herkömmliche Mayonnaise aus Sonnenblumenöl und 1 EL Olivenöl anrühren und die fein gehackten Sauerampferblätter untermischen.

Die Lachscreme aus der Form nehmen und mit der Mayonnaise anrichten. Kühl servieren.

Lachspastete mit Minze

Für 4 Personen

Zubereitungszeit: 1 Stunde
Garzeit: 20 Minuten
Kühlzeit: 12 Stunden

Zutaten:

- 1 Scheibe geräucherter Lachs
- 500 g frisches Lachsfilet
- 2–3 EL frische Minze
- 2 Blätter Gelatine
- 1 EL fettarme Crème fraîche
- 2 Zucchini
- Olivenöl
- Salz, Pfeffer

Frisches Lachsfilet im Backofen 30 Minuten lang in Folie garen oder in Folie dämpfen. Abkühlen lassen.

Frische Minze waschen und klein hacken, Zucchini waschen und ungeschält der Länge nach in dünne Scheiben schneiden.

Zucchinischeiben in einer Pfanne in heißem Olivenöl goldbraun braten (30 Sekunden auf jeder Seite). Auf Küchenkrepp abfetten und abkühlen lassen. Den gegarten Lachs grob zerpflücken und den geräucherten Lachs in kleine Stücke schneiden.

In einem Topf Olivenöl leicht erhitzen und die zuvor in kaltem Wasser eingeweichten und ausgedrückten Gelatineblätter hineingeben. Die Gelierflüssigkeit mit dem Lachs vermengen, Crème fraîche und Minze unterrühren. Mit Salz und Pfeffer würzen.

4 Förmchen mit Zucchinischeiben auslegen und die Masse hineingeben. Einen Tag in den Kühlschrank stellen. Eine halbe Stunde vor dem Servieren aus dem Kühlschrank nehmen und ganz zum Schluss aus den Förmchen lösen.

Muschelsalat

FÜR 6 PERSONEN

Zubereitungszeit: 30 Minuten
Kochzeit: 10 Minuten
Kühlzeit: 30 Minuten

ZUTATEN:

1,5 kg	Miesmuscheln
1	mittelgroße Zwiebel
1 Kopf	krauser Endiviensalat/ Friséesalat
1 EL	Olivenöl
1/2 TL	Thymian

SAUCE:

2	Knoblauchzehen
15–20	Basilikumblätter
6 EL	Olivenöl
1 EL	Weinessig
•	Salz, Pfeffer

Klein geschnittene Zwiebel in einem Schmortopf in heißem Olivenöl und Thymian dünsten. Muscheln hineingeben, um sie zum Öffnen zu bringen. Das Fleisch aus den Schalen lösen.

Danach die Sauce zubereiten:

Knoblauch zerdrücken, Basilikumblätter zerreiben, miteinander vermengen. Olivenöl tropfenweise unterrühren, bis eine homogene Masse entstanden ist. Danach Essig, Salz und Pfeffer untermischen.

Die Sauce mit dem Muschelfleisch vermengen und 30 Minuten im Kühlschrank ziehen lassen. Auf einem Endivien-/Friséebett angerichtet servieren.

Rochensalat

FÜR 6 PERSONEN

Zubereitungszeit: 15 Minuten
Kochzeit: 10 Minuten

ZUTATEN:

1,2 kg	Nagelrochenflossen
1 Glas	Kapern
1 Dose	rote Paprikaschoten
1 Kopf	krauser Endiviensalat/ Friséesalat
1	römischer Salat
einige Stängel	Thymian
1	Lorbeerblatt
2	Zitronen

SALATSAUCE:

2 EL	Balsamessig
1 EL	Haselnussöl
5 EL	Olivenöl
•	Salz, Pfeffer

Rochenflossen von der grauen Haut befreien und mit dem Saft zweier Zitronen, Thymian, Lorbeerblatt und Salz in Wasser kochen.

Vom Aufkochzeitpunkt an 5 Minuten kochen. Danach den Topf vom Herd nehmen und die Flossen im Kochwasser abkühlen lassen. Die restliche weiße Haut entfernen.

Salat waschen, trockenschleudern und in Streifen schneiden. Rochenfilets vom Knorpel lösen. Den Salat auf dem Teller anrichten und mit den Filets belegen. Kapern und Paprikawürfel darauf verteilen.

Salatsauce aus 1 EL Haselnussöl, 5 EL Olivenöl, 2 EL Balsamessig, Salz und Pfeffer anrühren. Vor dem Servieren den Salat mit der Sauce übergießen.

Sardinensalat

FÜR 6 PERSONEN

Zubereitungszeit: 30 Minuten
Garzeit: 10 Minuten

ZUTATEN:

- 12 frische Sardinen
- 2 rote Paprikaschoten
- 100 ml Olivenöl
- 1 Gurke
- 1 Selleriestange (Fuß)
- 24 schwarze Oliven
- 3 Zweige Thymian
- 2 Lorbeerblätter
- 2 Zitronen
- Salz, Pfeffer

Sardinen ausnehmen, waschen, trockentupfen und auf der Rückseite einschneiden, um die Rückengräte zu entfernen.

Paprikaschoten im Ofen grillen, häuten und in 12 Streifen schneiden. Sardinen damit füllen und auf einer Platte anrichten.

Lorbeerblätter und Thymian klein schneiden und mit dem Olivenöl und dem Zitronensaft vermengen. Sardinen mit der Mischung übergießen, danach im vorgeheizten Backofen bei 300 °C (Stufe 9) 10 Minuten lang garen.

Gurke schälen und in kleine Würfel schneiden. Den Fuß der Selleriestange waschen und klein schneiden.

Sardinen mit schwarzen Oliven und Zitronenscheiben garnieren, warm servieren. Gurken- und Selleriewürfel dazu reichen.

Sellerie mit Muscheln

Für 4 Personen

Zubereitungszeit: 20 Minuten
Kochzeit: 10 Minuten
Kühlzeit: 12 Stunden

Zutaten:

1	kleine Knollensellerie
1 kg	Miesmuscheln
1 Glas	trockener Weißwein

Sauce:

1 EL	scharfer Senf
1	Schalotte
1	Eigelb
1 EL	Olivenöl
200 ml	Sonnenblumenöl
•	Salz, Pfeffer

Garnierung:

1 EL	gehackte Petersilie

Muscheln putzen, unter ständigem Rühren 3 Minuten in Weißwein kochen, um sie zum Öffnen zu bringen. Das Fleisch aus den Schalen lösen, den Sud beiseite stellen. Knollensellerie schälen und in Würfel schneiden.

Selleriewürfel im Schnellkochtopf 3 Minuten lang im kochenden Muschelsud garen.

Remouladensauce zubereiten:

Senf, Salz und Pfeffer vermengen. 200 ml Sonnenblumenöl und 1 EL Olivenöl unterrühren, bis eine sämige Sauce entstanden ist.

Schalotte klein hacken und unter die Mayonnaise mischen. Danach Selleriewürfel und Muschelfleisch mit der Sauce vermengen und einen Tag im Kühlschrank ziehen lassen.

Kurz vor dem Servieren mit gehackter Petersilie garnieren.

Spinatsalat mit Herzmuscheln

Für 6 Personen

Zubereitungszeit: 30 Minuten
Kochzeit: 10 Minuten

Zutaten:

1,4 kg Herzmuscheln
800 g Spinat
200 ml Weißwein
200 g fettarme Sahne
3 Tomaten
1 Schalotte
- Muskatnuss
- Balsamessig
- Schnittlauch
- Paprika edelsüß

Herzmuscheln mehrmals waschen, abtropfen lassen. Mit Weißwein und klein gehackter Schalotte bei starker Hitze zum Öffnen bringen. Das Fleisch aus den Schalen lösen, den Sud beiseite stellen.

Spinat putzen und waschen. Die Hälfte des Spinats fünf Minuten in kochendes gesalzenes Wasser legen, abtropfen lassen. Mit Salz, Pfeffer, Muskatnuss und Balsamessig im Mixer pürieren.

Sahne steif schlagen und unter die Spinatmasse heben. Den restlichen Spinat klein schneiden.

Spinatpüree in der Tellermitte anrichten, Herzmuscheln dazugeben. Das Ganze mit dem rohen Spinat umlegen.

Mit Tomatenvierteln garnieren und Schnittlauch und Paprika darüber streuen.

Sofort servieren.

Thunfisch in Gelee

FÜR 6 PERSONEN

Zubereitungszeit: 15 Minuten
Kühlzeit: 6 Stunden

ZUTATEN:

600 g	Thunfisch in Wasser aus der Dose
1/2 l	Gelierflüssigkeit (aus 2 Päckchen Fertigpulver)
6–8	Lorbeerblätter
1 Bund	Petersilie
1 Bund	Schnittlauch
200 g	frische Champignons
500 g	Quark
•	Saft einer Zitrone
1 Zweig	frischer Fenchel
•	Olivenöl
•	Salz, Pfeffer

Gelierflüssigkeit nach Packungsaufschrift anrühren, etwas Geliersud in eine Kranzform gießen und Lorbeerblätter darauf verteilen. Zum Erstarren in den Kühlschrank stellen.

Thunfisch abtropfen lassen, zerpflücken und auf die Lorbeerblätter legen. Gehackte Petersilie und Schnittlauch darüber streuen und mit der restlichen Gelierflüssigkeit übergießen. 6 Stunden im Kühlschrank erstarren lassen.

Die erdigen Stielansätze der Champignons entfernen. Champignons waschen und mit Olivenöl, Zitronensaft, Salz und Pfeffer würzen.

Eine Sauce aus Quark, Zitronensaft, gehacktem Fenchel, Salz und Pfeffer anrühren.

Das Thunfischgelee aus der Form nehmen und auf einer Platte anrichten. Den Kranz mit den Champignons ausfüllen. Mit der Sauce servieren.

Thunfischpüree mit Oliven

FÜR 4 PERSONEN

Zubereitungszeit: 10 Minuten

ZUTATEN:

- 200 g Thunfisch in Wasser
- 100 g entsteinte schwarze Oliven
- 50 g Kapern
- 1 EL fettarme Crème fraîche
- 2 Eigelb
- 1 Knoblauchzehe
- Olivenöl
- Salz, Pfeffer, Cayennepfeffer

Thunfisch abtropfen lassen. Knoblauch schälen. Thunfisch, entsteinte Oliven, Kapern, Eigelb, Knoblauch und Crème fraîche im Mixer pürieren.

Olivenöl zugeben, bis eine sämige Masse entstanden ist. Mit Salz (bei Bedarf), Pfeffer und Cayennepfeffer abschmecken.
Kühl stellen.

TIPP:

Das Püree eignet sich auch als Aufstrich auf Chicorée- oder Sellerieblätter (Cocktail) oder als Garnierung für rohe kleine Tomaten, gekochtes Eiweiß, gekochte Artischockenböden oder Champignons.

Venusmuschel-Spinat-Auflauf

FÜR 6 PERSONEN

Zubereitungszeit: 20 Minuten
Kochzeit: 15 Minuten
Backzeit: 10 Minuten

ZUTATEN:

- 2 kg Venusmuscheln
- 2 klein geschnittene Schalotten
- 500 g Spinat
- 3 EL Olivenöl
- 200 g Crème fraîche mit 30 % Fettgehalt
- 50 g geriebener Emmentaler
- Salz, Pfeffer

Venusmuscheln unter fließendem Wasser abspülen. Mit den Schalotten in einem Topf bei starker Hitze in 5 Minuten zum Öffnen bringen. Danach das Fleisch aus den Schalen lösen.

Spinat von den Stielen befreien, 5 Minuten in kochendem gesalzenem Wasser blanchieren.

Gut abtropfen lassen. Den Spinat grob hacken und in heißem Olivenöl 5 Minuten dünsten.

Danach mit dem Muschelfleisch und der Crème fraîche vermengen. Die Mischung in eine Backform geben, mit geriebenem Emmentaler bestreuen und im vorgeheizten Backofen bei 220 °C (Stufe 7) 10 Minuten backen.

Heiß servieren.

Zanderauflauf mit Gemüse

FÜR 6 PERSONEN

Zubereitungszeit: 25 Minuten
Garzeit: 40 Minuten

ZUTATEN:

600 g frisches Zanderfilet (oder Hechtfilet)
50 g frische grüne Bohnen
50 g grüne Erbsen
2 ganze Eier und 2 Eiweiß
200 g Magerquark
3 EL fettarme Crème fraîche
• Salz, Pfeffer

Zanderfilet im Mixer pürieren und unter ständigem Rühren die ganzen Eier (nacheinander) und das Eiweiß hineingeben. Danach Magerquark und Crème fraîche untermischen. Mit Salz und Pfeffer würzen.

Grüne Bohnen 6 Minuten in kochendes Wasser legen, danach in Stücke schneiden.

Bohnenstücke mit den Erbsen unter die Masse rühren.

Eine Kastenform mit Butter ausstreichen und die Masse hineingeben. Im vorgeheizten Backofen bei 210 °C (Stufe 6–7) 40 Minuten lang im Wasserbad garen.

Kalt oder warm servieren.

Hauptgerichte

Eier in Tomaten (V)

FÜR 6 PERSONEN

Zubereitungszeit: 1 1/2 Stunden
Garzeit: 30 Minuten

ZUTATEN:

- 6 kleine Eier
- 6 große feste Tomaten
- 40 g geriebener Greyerzer
- 1/2 EL Thymianblüten
- Olivenöl
- Salz, Pfeffer

Tomaten waschen, Kappen abschneiden, aushöhlen, Fruchtfleisch beiseite legen.

Die Tomaten innen mit grobem Salz bestreuen, mit der Öffnung nach unten auf einen Teller legen und 1–2 Stunden Wasser ziehen lassen.

Das Fruchtfleisch in 2 EL Olivenöl bei starker Hitze 10–15 Minuten dünsten. Mit Salz und Thymian würzen. Den Backofen auf 190 °C (Stufe 5–6) vorheizen.

Tomaten und Kappen in eine geölte Form legen und für 12–15 Minuten in den Ofen schieben. Danach herausnehmen und etwas geriebenen Greyerzer darüber streuen.

In jede Tomate ein Ei schlagen, mit Tomatenpüree und restlichem Greyerzer bedecken.

Die abgeschnittenen Kappen auf die gefüllten Tomaten legen und nochmals für 10–12 Minuten in den Ofen schieben.

Sofort servieren.

Omelett mit Kalbsniere

Für 6 Personen

Zubereitungszeit: 30 Minuten
Garzeit: 25 Minuten

Zutaten:

12 Eier
1 Kalbsniere (250–300 g) (oder 1 Rinderniere)
3 EL Sonnenblumenöl
100 g fettarme Crème fraîche
1 TL Senf
2 Schalotten
• Salz, Pfeffer

Niere säubern und in grobe Würfel schneiden. Nierenwürfel in 1 EL Sonnenblumenöl bei starker Hitze braten, bis das Fleisch innen rosa ist.

Danach von der Kochstelle nehmen, mit Salz und Pfeffer würzen, warm stellen.

Schalotten klein schneiden und in der gleichen Pfanne dünsten, 1 TL Senf und die Crème fraîche zufügen. Das Ganze bei mittlerer Hitze kochen lassen, bis eine dicke Sauce entstanden ist.

Nierenwürfel wieder in die Pfanne geben und mit der Sauce vermengen.

In einer anderen Pfanne das Omelett im restlichen Sonnenblumenöl backen, Nierenwürfel und Sauce in der Mitte anrichten, zusammenklappen.

Sofort servieren.

Piperade

Für 6 Personen

Zubereitungszeit: 40 Minuten
Garzeit: 40 Minuten

Zutaten:

- 1 kg Tomaten
- 4 rote Paprikaschoten
- 6 Scheiben roher Schinken
- 1 Zwiebel
- 1 Knoblauchzehe
- Olivenöl
- 6 Eier
- Salz, Pfeffer

Paprikaschoten im Backofen oder auf einem Grillrost grillen, damit sich die Haut leichter entfernen lässt. Danach in Stücke schneiden und die Kerne entfernen.

Tomaten 30 Sekunden in kochendem Wasser blanchieren, abziehen und entkernen.

Klein geschnittene Zwiebel in heißem Olivenöl dünsten, Paprikastücke zufügen. Kurz bevor sie gar sind, Tomaten und zerdrückten Knoblauch hineingeben. Mit Salz und Pfeffer würzen und bei schwacher Hitze kochen lassen, bis ein Püree entstanden ist.

In einer anderen Pfanne den Schinken auf jeder Seite 1 Minute braten, danach warm stellen. Eier verquirlen und unter das von der Kochstelle genommene Gemüsepüree rühren. Das Ganze unter ständigem Rühren nochmals leicht erhitzen.

Die Masse sollte weich und cremig sein. Mit den Schinkenscheiben garnieren, sofort servieren.

Spiegeleier mit Geflügelleber

Für 4 Personen

Zubereitungszeit: 10 Minuten
Garzeit: 8 Minuten

Zutaten:

4 Eier
4 Geflügellebern
40 g fein gehackte Schalotten
3 EL Olivenöl
4 frische Champignons
• Salz, Pfeffer

Schalotten in einer Pfanne in heißem Olivenöl 2 Minuten dünsten.

Geflügellebern in Scheiben schneiden und zu den Schalotten geben (bei schwacher Hitze braten, damit das Fleisch zart bleibt).

Danach gewaschene und in Scheiben geschnittene Champignons zufügen.

Eier nacheinander aufschlagen und auf die Masse geben.

Das Ganze braten, bis das Eiweiß gestockt ist.

Mit Salz und Pfeffer würzen. Sofort servieren.

Spiegeleier mit Sardellen

FÜR 4 PERSONEN

Zubereitungszeit: 5 Minuten
Backzeit: 4 Minuten

ZUTATEN:

8	Eier
12 EL	Tomatenpüree
einige Blätter	Estragon und Basilikum
4	Sardellenfilets in Öl
•	Pfeffer

Tomatenpüree in eine Backform geben, Estragon- und Basilikumblätter darüber streuen.

Eier nacheinander aufschlagen und auf die Masse gleiten lassen, pfeffern. Bei 190 °C (Stufe 5–6) für 4 Minuten in den Backofen schieben.

Sardellenfilets abtropfen lassen, in Stücke schneiden und vor dem Servieren auf den Spiegeleiern verteilen.

Spiegeleier mit Scampi

FÜR 4 PERSONEN

Zubereitungszeit: 5 Minuten
Backzeit: 4 Minuten

ZUTATEN:

8 Eier
8 ausgelöste Scampischwänze
• Kerbel, Schnittlauch
• Petersilie, Estragon
1 EL Olivenöl
• Salz

Petersilie, Schnittlauch, Estragon und Kerbel klein hacken. Scampischwänze in Scheiben schneiden und leicht salzen.

Scampischeiben in heißem Olivenöl 1 Minute braten, danach gehackte Küchenkräuter zufügen. Das Ganze in eine niedrige Backform oder einzelne Förmchen geben.

Eier nacheinander aufschlagen und auf die Scampischeiben geben, bei 180 °C (Stufe 5) 3–4 Minuten backen.

Heiß servieren.

Thunfischomelett

FÜR 4 PERSONEN

Zubereitungszeit: 10 Minuten
Backzeit: 10 Minuten

ZUTATEN:

8	Eier
1 EL	gehackte Petersilie
200 g	Thunfisch in Wasser, abgetropft
2	Sardellenfilets
2 EL	Olivenöl
1/2 TL	Salz, Pfeffer

Sardellen in feine Streifen schneiden. Eier verquirlen, Sardellen und zerpflückten Thunfisch zufügen. Mit Petersilie, Salz und Pfeffer würzen.

Das Omelett in Olivenöl auf jeder Seite 5 Minuten goldbraun backen.

Sofort servieren.

Bayonner Schinken mit Spinat

Für 6 Personen

Zubereitungszeit: 15 Minuten
Kochzeit: 25 Minuten

Zutaten:

6 Scheiben	Bayonner Schinken (roher Schinken) je 150 g
2 kg	frischer Blattspinat
5	Schalotten
1 Würfel	Geflügelbrühe in 1/4 l Wasser aufgelöst
3 EL	Olivenöl
50 ml	Essig

Spinat mehrmals waschen und 10 Minuten in Salzwasser kochen. Abtropfen lassen.

Schinkenscheiben in eine ofenfeste Form geben und mit Spinat umlegen.

Bei 180 °C (Stufe 5) in den Ofen schieben, bis der Fettrand des Schinkens glasig geworden ist.

Gehackte Schalotten in Olivenöl dünsten, Essig zufügen, einkochen lassen.

Brühwürfel in heißem Wasser auflösen, Geflügelbrühe zu den Zwiebeln geben.

Nochmals 15 Minuten einkochen lassen.

Vor dem Servieren Schinken und Spinat mit der Sauce übergießen.

Carpaccio

für 6 Personen

Zubereitungszeit: 15 Minuten
Kühlzeit: 2 Stunden

Zutaten:

- 800 g Lendenstück vom Rind (ohne Fett und Sehnen)
- 1/4 l Olivenöl
- 1 Zitrone
- • Saft einer Zitrone
- 1 Kopfsalat
- • Salz, Pfeffer
- • gehackte Petersilie
- • Kräuter der Provence, Rosmarin

Rinderfilet 1 Stunde ins Gefrierfach legen, damit es hart wird.

Mit einem scharfen Messer (elektrisches Messer) in hauchdünne Scheiben schneiden und in eine Schüssel legen. Olivenöl und Zitronensaft darüber gießen und mit Salz, Pfeffer und Kräutern würzen. Das Ganze 1 Stunde im Kühlschrank ziehen lassen.

Pro Person vier Scheiben Fleisch anrichten, mit Salatblättern, Zitronenscheiben und gehackter Petersilie garnieren.

Kühl servieren. Nach Belieben mit Basilikum oder Parmesan bestreuen.

Tipp:

Beim Metzger kann man auch küchenfertige Carpaccio-Filets kaufen.

Gemischtes Gulasch

Für 6 Personen

Zubereitungszeit: 15 Minuten
Garzeit: 2 1/2 Stunden

Zutaten:

300 g	Kalbfleisch (Schulter oder Filet)
300 g	Schweinenacken
300 g	Rindfleisch zum Schmoren
2	große Zwiebeln
2	rote Paprikaschoten
3	Tomaten
3 EL	naturreines Olivenöl
1	Bouquet garni (Kräutersträußchen)
2 EL	Paprika
•	Salz, Pfeffer, Cayennepfeffer

Das Fleisch in 2 cm große Würfel schneiden und in einem großen Schmortopf in Olivenöl goldbraun braten. Danach aus dem Topf nehmen und warm halten.

Zwiebeln schälen, klein schneiden und im selben Topf goldbraun rösten. Das Fleisch wieder in den Topf geben und den Paprika darüber streuen. Das Ganze gut umrühren und wieder erhitzen.

So viel Wasser angießen, dass das Fleisch bedeckt ist, und das Bouquet garni zufügen. Im geschlossenen Topf 1 Stunde schmoren.

Paprikaschoten grillen, damit sich die Haut leichter abziehen lässt, und in Streifen schneiden. Tomaten in Stücke schneiden. Beides in den Topf geben, salzen, eine Prise Cayennepfeffer zufügen und nochmals eine Stunde schmoren.

Den Deckel vom Topf nehmen, das Bouquet garni entfernen und das Ganze nochmals kochen lassen (nicht länger als eine halbe Stunde), bis eine dicke Sauce entstanden ist.

Heiß servieren.

Hasenröllchen

FÜR 4 PERSONEN

Zubereitungszeit: 20 Minuten
Garzeit: 25 Minuten

ZUTATEN:

400 g entbeinter Hase
200 g Geflügelleber
2 Eier
• Petersilie, Thymian
4 Schalotten
• Salz, Pfeffer

ROTWEINSAUCE:

1/2 l Rotwein
2 Schalotten
20 g Butter
• Salz, Pfeffer

Klein geschnittene Schalotten bei starker Hitze in etwas Olivenöl 1–2 Minuten dünsten.

Fleisch und Geflügelleber im Mixer pürieren und mit Salz und Pfeffer würzen. Eigelb nacheinander unterrühren, gehackte Petersilie, Thymian und Schalotten ebenfalls untermischen.

Diese Farce in vier gleich große Portionen teilen und Röllchen daraus formen. Jedes Röllchen in Aluminiumfolie einwickeln und im Schnellkochtopf in 25 Minuten gar dämpfen.

Rotweinsauce zubereiten:

Rotwein mit gehackten Schalotten einkochen lassen, die Oberfläche zwischendurch abschäumen, um die Bitterstoffe zu entfernen. Butter hineinschlagen, mit Salz und Pfeffer würzen.

Hasenröllchen vor dem Servieren aus der Folie nehmen und mit Rotweinsauce übergießen.

EMPFEHLUNG:

Als Beilagen sind Kohl, Champignons, grüne Bohnen, ... zu empfehlen.

Herzspiesse

FÜR 6 PERSONEN

Zubereitungszeit: 50 Minuten
Garzeit: 20 Minuten

ZUTATEN:

6 Lammherzen
300 g geräucherter Speck
250 g kleine Zwiebeln
2 EL Olivenöl
1 TL Thymian oder Oregano
• Salz, Pfeffer

Herzen halbieren und 20 Minuten in kaltes Wasser legen. Danach vom Fett befreien und in Würfel schneiden, dabei die ungenießbaren Teile entfernen.

Speck in grobe Würfel schneiden und 5–8 Minuten in kochendem Wasser blanchieren.

Speck- und Herzwürfel in eine Schüssel geben und 30 Minuten in einer Mischung aus Olivenöl, Thymian oder Oregano, Salz und Pfeffer ziehen lassen.

Zwiebeln schälen und 30 Minuten in kochendes Wasser legen. Abwechselnd Herz-, Speck- und Zwiebelscheiben auf Spieße stecken.

Grillen.

Kalbfleisch mit Artischockenböden

Für 6 Personen

Zubereitungszeit: 25 Minuten
Garzeit: 1 Stunde und 10 Minuten

Zutaten:

1,5 kg	Kalbsschulter (ohne Fett)
8	gekochte Artischockenböden
4	große Zwiebeln
4	Tomaten
2	Zitronen
2	Knoblauchzehen
1 Bund	Petersilie
1 EL	gemahlener Kümmel
1/2 EL	Kurkuma
1	Lorbeerblatt
1 EL	gemahlener Ingwer
250 ml	trockener Weißwein
125 ml	naturreines Olivenöl
•	Salz, Pfeffer

Das Fleisch in 3 cm dicke Stücke schneiden. Zwiebeln klein schneiden, Knoblauch und Petersilie hacken.

Fleisch, Knoblauch, Petersilie, Zwiebeln und sämtliche Gewürze (Kümmel, Ingwer und Kurkuma) unter Zugabe von naturreinem Olivenöl in einer Schüssel miteinander vermengen. Mit Salz und Pfeffer würzen, 20 Minuten ziehen lassen.

Fleischstücke herausnehmen und in einem Schmortopf bei normaler Hitze anbraten, danach Marinade und Lorbeerblatt zufügen und 250 ml Weißwein angießen.

bitte umblättern ☛

Das Ganze bei schwacher Hitze zuerst eine halbe Stunde im offenen Topf, dann eine halbe Stunde bei zugedecktem Topf schmoren. In der Zwischenzeit Tomaten und Artischockenböden vierteln.

Nach Ende der Schmorzeit Fleischstücke herausnehmen, warm halten. Tomaten- und Artischockenviertel in den Sud geben, den Saft zweier Zitronen zufügen. Bei mittlerer Hitze 5–8 Minuten kochen lassen.

Das Fleisch in einer vorgewärmten Platte anrichten, mit dem Gemüse umlegen und dem Kochsud übergießen.

Abb. rechts: Kaninchen mit grünen Oliven → Rezept Seite 132

KALBSBRATEN BASKISCHER ART

FÜR 6 PERSONEN

Zubereitungszeit: 20 Minuten
Garzeit: 45 Minuten

ZUTATEN:

1,5 kg	Kalbsbraten
3	Zwiebeln
3	Auberginen
3	Tomaten
2	Paprikaschoten
1 kg	frische Champignons
3 EL	Olivenöl
250 ml	trockener Weißwein
1	Bouquet garni (Kräutersträußchen)
1	Knoblauchzehe
1	Zitrone
•	Salz, Pfeffer

Tomaten 30 Sekunden in kochendes Wasser legen, abziehen, entkernen und in Stücke schneiden. Auberginen schälen und in Würfel schneiden. Zwiebeln schälen und klein schneiden. Die erdigen Stielansätze der Champignons entfernen, Champignons zweimal in Zitronenwasser waschen.

Kalbsbraten in einem Schmortopf in heißem Olivenöl rundherum anbraten.

Klein geschnittene Zwiebeln zufügen, etwas Weißwein angießen und zugedeckt 25 Minuten schmoren. Das Fleisch ab und zu umdrehen und mit dem Kochsud begießen.

Tomaten, Auberginen, zerdrückten Knoblauch, in Scheiben geschnittene Champignons, geschälten und in Streifen geschnittenen Paprika und das Bouquet garni zufügen.

Weißwein angießen, salzen und pfeffern. Nochmals 25 Minuten schmoren.

Vor dem Servieren den Braten mit dem Gemüse und der Sauce (ohne das Bouquet garni) umlegen.

Abb. links: Lammfleisch mit Currysauce → Rezept Seite 136

Kalbskotelett überbacken mit grünen Bohnen

Für 6 Personen

Zubereitungszeit: 10 Minuten
Garzeit: 35 Minuten

Zutaten:

6	Kalbskoteletts (je 200 g)
400 g	tiefgefrorene grüne Bohnen
1	Ei
3 EL	fettarme Crème fraîche
3 EL	Olivenöl
50 g	geriebener Greyerzer
•	Salz, Pfeffer

Grüne Bohnen in Wasser kochen. Abtropfen lassen und mit dem Ei und der Crème fraîche im Mixer pürieren. Mit Pfeffer würzen.

Kalbskoteletts in heißem Olivenöl auf jeder Seite 5 Minuten anbraten. Mit Salz und Pfeffer würzen.

Auf jedes Kotelett etwas Bohnenpüree geben, geriebenen Greyerzer darüber streuen.

Im vorgeheizten Backofen bei 220 °C (Stufe 7) 10 Minuten backen.

Sofort servieren.

Kalbsleber in Folie gegart

Für 4 Personen

Zubereitungszeit: 10 Minuten
Garzeit: 20 Minuten

Zutaten:

4 Scheiben	Kalbsleber (je 120 g)
4	Schalotten
1 EL	gehackte Petersilie
200 g	frische Champignons
6 EL	Olivenöl (oder eventuell Sonnenblumenöl)
•	Salz, Pfeffer

Champignons waschen und in dünne Scheiben schneiden. Schalotten schälen und klein hacken. Champignons, Schalotten und gehackte Petersilie miteinander vermengen.

Das Ganze im Mixer pürieren.

Kalbsleberscheiben in Olivenöl (oder Sonnenblumenöl) auf jeder Seite 2 Minuten anbraten.

Mit Salz und Pfeffer würzen.

Vier Stücke Aluminiumfolie mit je einer Kalbsleberscheibe belegen und das Champignonpüree darauf verteilen. Danach die Folie fest zudrücken.

Im vorgeheizten Backofen bei 180 °C (Stufe 5) 15 Minuten lang garen. In der Folie servieren.

Kaninchen mit grünen Oliven

(Foto nach Seite 128)

Für 6 Personen

Zubereitungszeit: 20 Minuten
Garzeit: 1 Stunde

Zutaten:

2	Kaninchenrücken (je 800 g)
200 g	grüne Oliven
2 EL	Tomatenmark
3	Knoblauchzehen
1	Bouquet garni (Thymian, Rosmarin, Lorbeerblatt)
2	Zwiebeln
100 ml	Olivenöl
3/8 l	Weißwein
2 Zweige	frisches Basilikum
•	Salz, Pfeffer

Oliven 1–2 Minuten in kochendes ungesalzenes Wasser legen. Unter kaltem Wasser abschrecken, abtropfen lassen und entsteinen.

Kaninchenrücken in Portionsstücke zerlegen und in einem Schmortopf in heißem Olivenöl goldbraun braten. Kaninchenstücke herausnehmen und klein geschnittene Zwiebeln darin dünsten, bis sie anfangen, sich zu verfärben. Danach auf Küchenkrepp abtropfen lassen.

Das Fett abgießen, Weißwein zufügen.

Kaninchenstücke und Zwiebeln wieder in den Topf geben, Tomatenmark, die Hälfte der Oliven, geschälte Knoblauchzehen und das Bouquet garni zufügen. Mit Salz und Pfeffer würzen.

Das Ganze zugedeckt 45 Minuten schmoren. 15 Minuten vor Ende der Schmorzeit restliche Oliven hineingeben, gehackte Basilikumblätter darüber streuen und vor dem Servieren das Bouquet garni entfernen.

Kaninchen mit Kohl

FÜR 6 PERSONEN

Zubereitungszeit: 20 Minuten
Garzeit: 1 1/2 Stunden

ZUTATEN:

1	Kaninchen (1,5 kg)
2	junge Köpfe Kohl
250 g	Speck
4	mittelgroße Zwiebeln
30 g	Gänsefett oder
30 ml	Olivenöl

Speck in Würfel schneiden, Speckwürfel 2 Minuten in kochendem Wasser blanchieren, auf Küchenkrepp abtropfen lassen.

Kohl waschen, halbieren und vom Strunk befreien. Danach 10 Minuten in kochendem Salzwasser blanchieren, abtropfen lassen.

Kaninchen in Portionsstücke zerlegen und in einer Pfanne in heißem Olivenöl oder Gänsefett goldbraun braten. Danach Kaninchenstücke herausnehmen und beiseite stellen.

Speckwürfel und klein geschnittene Zwiebeln in der gleichen Pfanne dünsten. Einen Schmortopf mit Kohlblättern auslegen, die Kaninchenstücke darauf legen und die Speckwürfel und Zwiebelstückchen darauf verteilen.

Mit Salz und Pfeffer würzen und ein Glas Wasser zufügen. Bei schwacher Hitze zugedeckt 1 Stunde 15 Minuten schmoren. Bei Bedarf Wasser angießen.

Kaninchen mit Speck

für 6 Personen

Zubereitungszeit: 25 Minuten
Garzeit: 30–45 Minuten

Zutaten:

- 1 küchenfertiges Kaninchen (1,5 kg)
- 12 dünne Scheiben Speck
- 2 EL Olivenöl
- 4 Tomaten
- • Thymian
- • Majoran oder Rosmarin
- 4 Zwiebeln
- • Salz, Pfeffer

Kaninchen in 12 etwa gleich große Portionsstücke zerlegen. Mit Salz, Pfeffer, Majoran oder Rosmarin und einem kleinen Zweig Thymian würzen.

Jedes Kaninchenstück in eine Speckscheibe einwickeln und in eine mit Zwiebelscheiben ausgelegte ofenfeste Form legen.

Tomaten vierteln und darauf verteilen, Olivenöl darüber gießen. Das Ganze im vorgeheizten Backofen bei 200 °C (Stufe 6) 30–45 Minuten lang garen, dabei gelegentlich mit der abtropfenden Flüssigkeit begießen.

Kaninchen Nizzaer Art

Für 6 Personen

Zubereitungszeit: 20 Minuten
Garzeit: 1 Stunde und 20 Minuten

Zutaten:

- 1 Kaninchen (1,5 kg)
- 4 Zwiebeln
- 4 Auberginen
- 2 grüne Paprikaschoten
- 2 rote Paprikaschoten
- 5 Zucchini
- 6 Tomaten
- 200 ml Olivenöl
- 1 Bouquet garni (Kräutersträußchen)
- 3 Knoblauchzehen
- Salz, Pfeffer

Kaninchen in Portionsstücke zerlegen und in einer Pfanne bei starker Hitze in 100 ml Olivenöl goldbraun braten. Danach Kaninchenstücke herausnehmen und beiseite stellen.

Zwiebeln und Paprikaschoten klein schneiden und in einem Schmortopf bei starker Hitze im restlichen Olivenöl dünsten, bis die Zwiebelscheiben anfangen, sich zu verfärben. Zwiebel- und Paprikastückchen aus dem Topf nehmen und die in Scheiben geschnittenen Auberginen und Zucchini zum Dünsten hineingeben. Danach zuerst die Zwiebel- und Paprikastückchen, dann die Kaninchenteile wieder zufügen.

Tomaten 30 Sekunden in kochendes Wasser legen, abziehen, entkernen und in Stücke schneiden. Tomatenstücke mit dem Knoblauch und dem Bouquet garni in den Schmortopf geben, mit Salz und Pfeffer würzen.

Das Ganze zugedeckt bei schwacher Hitze 1 Stunde schmoren. Vor dem Servieren das Bouquet garni herausnehmen.

Lammfleisch mit Currysauce

(Foto vor Seite 129)

Für 6 Personen

Zubereitungszeit: 30 Minuten
Garzeit: 1 1/2 Stunden

Zutaten:

- 1,5 kg Lammschulter (ohne Fett)
- 3 Zwiebeln
- 3 große Auberginen
- 1 Paprikaschote
- 1 EL Kümmel
- 1 EL Senfkörner
- 2 1/2 EL Curry
- Olivenöl
- Salz

Das Fleisch in 3 cm dicke Stücke schneiden. Danach die klein geschnittenen Zwiebeln in einem Schmortopf bei schwacher Hitze in Olivenöl 3 Minuten dünsten.

Kümmel und Senfkörner zufügen, gut umrühren. Dann das Fleisch goldbraun braten, leicht salzen. Den Curry darüber streuen und das Ganze einige Male gut umrühren.

50 ml heißes Wasser angießen, zudecken und eine gute Stunde schmoren lassen.

Nach 35 Minuten Kochzeit die in Stücke geschnittenen ungeschälten Auberginen und den in Würfel geschnittenen Paprika zufügen.

Nach dem Kochen eventuell noch einmal abschmecken. Einige Minuten vor dem Servieren etwas Olivenöl hineingeben.

Lammkotelett mit Minze

Für 4 Personen

Zubereitungszeit: 20 Minuten
Grillzeit: 10 Minuten

Zutaten:

- 8 Lammkoteletts
- 1 EL Olivenöl
- Kräuter der Provence
- Salz, Pfeffer
- einige Blätter Minze

Koteletts mit Olivenöl bestreichen und 15–20 Minuten ziehen lassen.

Kräuter der Provence mit einem Teil der klein gehackten Minze mischen und die Koteletts darin wenden. Danach auf dem heißen Grillrost grillen und mit Minzeblättern garniert servieren.

Lammschulter in Zitronensauce

Für 6 Personen

Zubereitungszeit: 15 Minuten
Garzeit: 1 Stunde

Zutaten:

1 kg Lammschulter (ohne Knochen)
4 EL Olivenöl
2 mittelgroße Zwiebeln
1 Knoblauchzehe
2 EL Paprika
2 EL gehackte Petersilie
3 EL Zitronensaft und etwas
- Zitronenschale (unbehandelt)
- Salz, Pfeffer

Lammschulter in 3 cm dicke Würfel schneiden und in einem Schmortopf in heißem Olivenöl goldbraun braten. Fleischwürfel herausnehmen und beiseite stellen.

Fein gehackte Zwiebeln und Knoblauch im gleichen Topf dünsten. Paprika, gehackte Petersilie, Zitronensaft und -schale zufügen und die Fleischwürfel wieder hineingeben.

Mit Salz und Pfeffer würzen, zudecken und bei schwacher Hitze 1 Stunde schmoren (bei Bedarf etwas Wasser angießen).

Heiß servieren.

Pot-au-feu

FÜR 6 PERSONEN

Zubereitungszeit: 30 Minuten
Garzeit: 3 Stunden

ZUTATEN:

- 1 kg Querrippe mit Knochen
- 600 g Rinderhaxe
- 2 Knochen ohne Mark
- 6 Lauchstangen
- 8 weiße Rüben
- 2 Selleriestangen (Fuß)
- 2 Zwiebeln
- 2 Gewürznelken
- Salz, 10 Pfefferkörner
- 1 Bouquet garni (Kräutersträußchen)

Fleisch und Knochen in einen großen Topf geben, 4 l kaltes Wasser angießen, 1 EL Salz zufügen.

Das Ganze zum Kochen bringen und abschäumen, um das Fett zu entfernen. Danach die Hitze drosseln und zugedeckt 1 Stunde kochen.

Zwiebeln schälen, mit den Gewürznelken spicken und mit dem Bouquet garni in den Topf geben.

Nach weiteren 30 Minuten Kochzeit das gewaschene und geschälte Gemüse und die Pfefferkörner zufügen (bei Bedarf etwas Wasser angießen). Das Ganze nochmals 1 1/2 Stunden schmoren.

Vor dem Servieren das Fleisch in Scheiben schneiden und mit dem Gemüse umlegen.

TIPP:

Die erkaltete Brühe entfetten, das Bouquet garni herausnehmen und die Brühe als Suppe verzehren.

Rinderhacksoufflé

für 6 Personen

Zubereitungszeit: 30 Minuten
Backzeit: 20–25 Minuten

Zutaten:

- 1 grüne Paprikaschote
- 2 Zwiebeln
- 100 g frische Champignons
- 3 mittelgroße Tomaten
- 500 g Rinderhack
- 1 Prise Oregano oder Thymian
- 2 EL gehackte Küchenkräuter
- Salz, Pfeffer, Cayennepfeffer
- Olivenöl

für das Soufflé:

- 3 Eier
- 60 g geriebener Chester
- 3 EL fettarme Crème fraîche
- Salz, Cayennepfeffer

Paprikaschote waschen und in Würfel schneiden, Zwiebeln klein schneiden. Das Ganze in heißem Olivenöl dünsten. Danach gewaschene und klein geschnittene Champignons zufügen.

Tomaten 30 Sekunden in kochendes Wasser legen, abziehen, entkernen und in Stücke schneiden. Tomaten mit dem Rinderhack, den Küchenkräutern und dem Oregano ebenfalls hineingeben. Mit Salz, Pfeffer und einer Prise Cayennepfeffer würzen.

Das Ganze ohne Deckel bei starker Hitze dünsten, damit die Flüssigkeit verdampft, danach die Hitze drosseln und einige Minuten köcheln lassen.

Fortsetzung ☛

Den Chester im Wasserbad schmelzen, Crème fraîche zufügen. Etwas abkühlen lassen. Danach das Eigelb unterrühren und mit Salz, Pfeffer und Cayennepfeffer würzen.

Das Eiweiß zu Schnee schlagen und unter die Masse heben.

Die Gemüse-Fleisch-Mischung in eine Backform geben und die Eiermasse darüber gießen. Das Ganze im vorgeheizten Backofen bei 150 °C (Stufe 4–5) 20–25 Minuten backen. Sofort servieren.

Rindfleisch provenzalisch

Für 6 Personen

Zubereitungszeit: 30 Minuten
Garzeit: 2 Stunden

Zutaten:

1 kg Rindfleisch (vorzugsweise Schulterstück)
2 mittelgroße Zwiebeln
1/2 Knoblauchzehe
4 EL Olivenöl
1 kg reife Tomaten
1/2 TL Thymianblätter
1/2 Lorbeerblatt
2 EL gehackte Petersilie
• Salz, Pfeffer, Muskatnuss
50 g schwarze Oliven

Zwiebeln schälen, klein schneiden und in heißem Olivenöl dünsten.

Tomaten 30 Sekunden in kochendes Wasser legen, abziehen und die Kerne entfernen.

Mit dem Thymian, dem Lorbeerblatt, dem Knoblauch und der gehackten Petersilie zu den Zwiebeln geben.

Die Hitze drosseln und das in 3 cm dicke Würfel geschnittene Fleisch hineingeben. Mit Salz, Pfeffer und Muskatnuss würzen. Bei Bedarf etwas Wasser angießen.

Das Ganze zugedeckt bei schwacher Hitze 2 Stunden schmoren. 10 Minuten vor Ende der Schmorzeit die für die Garnierung bestimmten schwarzen Oliven zufügen.

Schweinefleischragout mit Herzmuscheln

FÜR 4 PERSONEN

Zubereitungszeit: 30 Minuten
Garzeit: 1 1/2 Stunden

ZUTATEN:

- 800 g Schweinenacken
- 1 kg Herzmuscheln
- 6 EL Olivenöl
- 4 Knoblauchzehen
- Saft einer Zitrone
- 1 EL gehackte Petersilie
- Salz, Pfeffer

MARINADE:

- 375 ml trockener Weißwein
- 1 Lorbeerblatt
- 1 Knoblauchzehe und 1 Zwiebel (gespickt mit 1 Gewürznelke)
- 1 Bouquet garni (Kräutersträußchen)

Aus Weißwein, Lorbeerblatt, Zwiebel, Salz, Pfeffer und dem Bouquet garni Marinade anrühren.

Schweinefleisch in Stücke schneiden und mit der Marinade übergießen. Einen Tag ziehen lassen.

Herzmuscheln mehrmals waschen, abtropfen lassen und bei starker Hitze zum Öffnen bringen. Danach das Fleisch aus den Schalen lösen.

Das Schweinefleisch aus der Marinade nehmen und mit Küchenkrepp trockentupfen. Danach in einem Schmortopf in heißem Olivenöl goldbraun braten. Marinade durchsieben, Zwiebel herausnehmen, mit Küchenkrepp abtrocknen, klein schneiden und die Gewürznelke entfernen. Klein geschnittene Zwiebel und zerdrückten Knoblauch zum Dünsten in den Topf geben. Durchgesiebte Marinade zufügen. Das Ganze im geschlossenen Topf bei schwacher Hitze 1 1/2 Stunden schmoren.

Den Kochvorgang überwachen und bei Bedarf etwas Wasser angießen. Das Fleisch regelmäßig wenden. 5 Minuten vor Ende der Schmorzeit Sauce passieren und das Muschelfleisch zufügen. Sauce mit Zitronensaft und gehackter Petersilie verfeinern und zum Fleisch geben.

Schweinefleisch mit Lauch

(Foto rechts)

FÜR 6 PERSONEN

Zubereitungszeit: 20 Minuten
Garzeit: 50 Minuten

ZUTATEN:

1 kg	ausgelöster Schweinenacken
2 kg	weiße Lauchteile
1 Bund	Thymian
1	Salbeiblatt
2	Knoblauchzehen
1 EL	Olivenöl
•	Salz, Pfeffer

Lauch putzen, waschen und klein schneiden. Das Schweinefleisch oben in 6 Scheiben zur Hälfte einschneiden.
Schweinefleisch in einem großen Schmortopf in Olivenöl von allen Seiten goldbraun braten. Danach herausnehmen und das Fett abgießen. 200 ml heißes Wasser angießen und zum Kochen bringen, dabei die Ansätze vom Topfboden losrühren, Schweinefleisch zufügen.

Thymian, Salbeiblatt und zerdrückten Knoblauch ebenfalls hineingeben. Mit Salz und Pfeffer gut würzen.

Lauch zum Fleisch in den Schmortopf geben und ca. 45 Minuten bei mittlerer Hitze fertig garen. Vor dem Servieren Thymian und Salbeiblatt entfernen.

Abb. rechts: Schweinefleisch mit Lauch → Rezept siehe oben

Tournedos kreolischer Art

Für 6 Personen

Zubereitungszeit: 30 Minuten
Garzeit: 40 Minuten

Zutaten:

- 6 Tournedos (Rinderlendenschnitte) (je 150 g)
- 1,5 kg Tomaten
- 3 Schalotten
- 4 Knoblauchzehen
- 1 grüne Paprikaschote
- 1 rote Paprikaschote
- 2 EL Olivenöl
- 1 Bouquet garni (Kräutersträußchen)
- 100 ml Balsamessig
- Salz, Cayennepfeffer

Tomaten 30 Sekunden in kochendes Wasser legen, abziehen, entkernen und in Würfel schneiden. Schalotten und Knoblauch in einer Pfanne in heißem Olivenöl dünsten.

Danach die Tomatenwürfel und das Bouquet garni zufügen, mit Salz und einer Prise Cayennepfeffer würzen.

Das Ganze ohne Deckel kochen lassen, bis der Saft der Tomaten verdampft ist. Das Bouquet garni herausnehmen, das Tomatenpüree passieren.

Paprikaschoten grillen, damit sich die Haut leichter abziehen lässt, und in Würfel schneiden. Mit dem Balsamessig an die Tomatensauce geben und nochmals 5 Minuten kochen lassen.

Tournedos grillen und vor dem Servieren mit der Sauce übergießen.

Abb. links: Cordon-bleu-Roulade → Rezept Seite 148

Tournedos mit Champignons

Für 4 Personen

Zubereitungszeit: 10 Minuten
Garzeit: 10 Minuten

Zutaten:

4	Tournedos (Rinderlendenschnitte) (je 250 g)
4	Schalotten
2	Zwiebeln
500 g	frische Champignons
1 Zweig	Thymian
4 Stängel	Petersilie
4 EL	Olivenöl
•	Salz, Pfeffer

Zwiebeln, Schalotten und Petersilie zusammen hacken. Champignons waschen, in Scheiben schneiden und in heißem Olivenöl 5–8 Minuten dünsten.

Danach mit Salz und Pfeffer würzen und gehackte Zwiebeln, Schalotten und Petersilie zufügen.

Tournedos auf jeder Seite 2–3 Minuten grillen. Salzen und pfeffern.

Mit Champignons als Beilage servieren.

Überbackene Rinderzunge

Für 6 Personen		Zutaten:	
Zubereitungszeit:	30 Minuten	1	Rinderzunge (1 1/2 kg)
Garzeit:	2 1/2 Stunden (davon 2 Stunden am Vortag)	2 Päckchen	Fleischbrühe
		300 g	dicke Tomatensauce
		80 g	geriebener Parmesan
		5 EL	Olivenöl (zum Einfetten der Form)

Rinderzunge säubern und unter kaltem Wasser abspülen. 5 Minuten in kochendem Wasser blanchieren, zwischendurch abschäumen. Danach abtropfen lassen, Kochwasser wegschütten. Einen Topf mit Fleischbrühe aufstellen, die Zunge hineingeben, 2 Stunden kochen lassen.

Den Topf vom Herd nehmen und die Zunge im Sud abkühlen lassen. Die Haut abziehen, die Zunge bis zum nächsten Tag aufbewahren.

Zunge in Scheiben schneiden. Eine Backform mit Parmesan ausstreuen und abwechselnd Zungenscheiben, Tomatensauce und Parmesan hineingeben. Mit einer Parmesanschicht abschließen.

Das Ganze im vorgeheizten Backofen bei 150 °C (Stufe 4–5) goldbraun backen.

Cordon-bleu-Roulade

(Foto vor Seite 145)

FÜR 4 PERSONEN

Zubereitungszeit: 10 Minuten
Bratzeit: 25 Minuten

ZUTATEN:

- 4 Putenschnitzel (je 100 g)
- 4 Scheiben geräucherter Schinken
- 1 korsischer Käse
- 1/2 TL Kräuter der Provence
- 1 EL Olivenöl
- Salz, Pfeffer

SAUCE:

- 2 Schalotten
- Olivenöl
- 100 g fettarme Crème fraîche

Schnitzel mit Kräutern der Provence bestreuen und mit je einer Schinken- und Käsescheibe belegen.

Das Ganze zusammenrollen und mit Fäden umwickeln. Mit Salz und Pfeffer würzen.

Die Rouladen in Olivenöl bei schwacher Hitze ohne Deckel 20 Minuten braten.

Nach Belieben Sauce aus in Olivenöl gedünsteten Schalottenstückchen und Crème fraîche dazu reichen.

Ente provenzalischer Art

Für 4 Personen

Zubereitungszeit: 25 Minuten
Garzeit: 50 Minuten

Zutaten:

1	küchenfertige Ente (1,2–1,5 kg)
4	abgezogene Tomaten
8	gekochte Artischockenböden
20	schwarze Oliven
3 EL	Olivenöl
6	klein geschnittene Schalotten
1 Dose	Champignons (250 g)
1 EL	fettarme Crème fraîche
1	Lorbeerblatt, Thymian, Basilikum
•	Salz, Pfeffer
1	Knoblauchzehe

Tomaten vierteln, entkernen und in Streifen schneiden. Artischockenböden in dicke Scheiben schneiden. Oliven entsteinen und halbieren.

Ente in Stücke schneiden und bei starker Hitze in Olivenöl goldbraun braten. Danach Tomatenstreifen, Schalottenstückchen und Knoblauch zufügen, mit Salz und Pfeffer würzen. Champignons im Mixer pürieren, Crème fraîche unterrühren.

Champignonpüree, Lorbeerblatt und Artischockenscheiben zu den Entenstücken geben.

Das Ganze im geschlossenen Topf bei mittlerer Hitze 50 Minuten schmoren. 2 Minuten vor Ende der Schmorzeit Oliven zufügen. Vor dem Servieren Lorbeerblatt entfernen.

Entenfilet mit grüner Pfeffersauce

Für 4 Personen

Zubereitungszeit: 25 Minuten
Kochzeit: 20 Minuten

Zutaten:

4 Entenfilets
200 g Champignons
1 Zitrone
100 ml Rotwein
1 Zwiebel
1 Lorbeerblatt
30 grüne Pfefferkörner
1 EL Olivenöl

Klein geschnittene Zwiebel in 1 EL Olivenöl (oder Sonnenblumenöl) glasig dünsten, Rotwein angießen. Bei starker Hitze kochen lassen, bis die Flüssigkeit fast verdampft ist.

1 Glas Wasser angießen, Lorbeerblatt und Pfefferkörner hinzufügen, 15 Minuten kochen lassen.

Champignons waschen und 5 Minuten in Zitronenwasser kochen. Danach im Mixer pürieren, salzen, Butter unterrühren. Sauce durch ein Sieb passieren und bei schwacher Hitze einkochen lassen. Champignonpüree zufügen.

Entenfilets in einer antihaftbeschichteten Pfanne ohne Fett bei mittlerer Hitze auf jeder Seite 4 Minuten braten.

Die fertigen Filets mit der Sauce überziehen, nach Belieben in Streifen schneiden.

Tipp:

Dieses Rezept lässt sich auch mit in Streifen geschnittenem Entenfleisch zubereiten.

Gebratene Enten mit Steinpilzpüree

Für 6 Personen

Zubereitungszeit: 30 Minuten
Garzeit: 30 Minuten

Zutaten:

3	kleine Enten
1 kg	frische Steinpilze (oder aus der Dose)
500 g	frische Champignons
•	Salz, Pfeffer
2 EL	fettarme Crème fraîche

Enten säubern, halbieren und im vorgeheizten Backofen bei 200–220 °C (Stufe 6–7) 30 Minuten lang garen, dabei regelmäßig mit der abtropfenden Flüssigkeit begießen. Danach warm stellen.

Steinpilze putzen, in Scheiben schneiden und bei schwacher Hitze in abgetropftem Entenfett 10 Minuten dünsten. In einem Sieb abtropfen lassen, pürieren, Crème fraîche unterrühren.

Champignons waschen und in der Pfanne 10 Minuten dünsten. Vor dem Servieren die Entenhälften mit Steinpilzpüree überziehen, Champignons dazu reichen.

Tipp:

Anstelle von Steinpilzen können auch Champignons verwendet werden.

Geflügelleberauflauf

Für 5 Personen

Zubereitungszeit: 10 Minuten
Garzeit: 25 Minuten

Zutaten:

- 200 g Geflügelleber
- 5 Eier
- 3 Schalotten
- 2 EL Olivenöl (oder Sonnenblumenöl)
- 20 ml Madeira oder Portwein
- 1/4 l teilentrahmte Milch
- Salz, Pfeffer
- Butter zum Einfetten der Förmchen

Klein geschnittene Schalotten in heißem Olivenöl (oder Sonnenblumenöl) dünsten, danach von der Kochstelle nehmen.

Geflügelleber in kleine Würfel schneiden und zu den Schalotten geben.

Eier verquirlen und ebenfalls zufügen, Milch und Madeira angießen. Mit Salz und Pfeffer würzen.

Das Ganze in fünf gebutterte Auflaufförmchen geben und im vorgeheizten Backofen bei 130 °C (Stufe 4) 25 Minuten lang im Wasserbad garen.

Aus den Förmchen nehmen, sofort servieren.

Tipp:

Nach der Hälfte der Garzeit mit Aluminiumfolie bedecken, damit das Ganze nicht austrocknet.

Hähnchen baskischer Art

(Foto nach Seite 160)

Für 6 Personen

Zubereitungszeit: 30 Minuten
Garzeit: 1 Stunde

Zutaten:

- 1 Hähnchen (1,5 kg)
- 2 große rote Paprikaschoten
- 2 große grüne Paprikaschoten
- 4 mittelgroße Tomaten
- 6 mittelgroße Zwiebeln
- 100 ml trockener Weißwein
- Olivenöl
- 1 Bouquet garni (Kräutersträußchen)
- Salz, Pfeffer

Hähnchen in Portionsstücke zerlegen und in heißem Olivenöl goldbraun braten.

Hähnchenstücke danach in einen Schmortopf geben, Weißwein angießen, mit Salz und Pfeffer würzen. Das Ganze zugedeckt bei mittlerer Hitze schmoren.

Paprikaschoten grillen (im Backofen oder auf einem Grillrost), damit sich die Haut leichter entfernen lässt. Tomaten 30 Sekunden in kochendes Wasser legen, ebenfalls abziehen, entkernen.

Klein geschnittene Zwiebeln in heißem Olivenöl dünsten. Den in Streifen geschnittenen Paprika und das Bouquet garni zufügen. Nach 10 Minuten Kochzeit das Fruchtfleisch der Tomaten dazugeben.

Das Ganze kochen, bis ein Püree entstanden ist, danach die Hähnchenstücke hineingeben und im geschlossenen Topf 20 Minuten schmoren. Vor dem Servieren das Bouquet garni entfernen.

Hähnchen mit Limettensauce

Für 6 Personen

Zubereitungszeit: 45 Minuten
Marinierzeit: 3 Stunden
Garzeit: 40 Minuten

Zutaten:

3 kleine Hähnchen (je 700 g)
6 Limetten
1/2 l trockener Weißwein
2 mittelgroße Zwiebeln
2 EL Olivenöl
50 g fettarme Crème fraîche

- Estragon, Petersilie, Basilikum, Kerbel, Schnittlauch, Salbei
- Salz, Pfeffer

Hähnchen halbieren, in einer Marinade aus Weißwein, dem Saft von 4 Limetten, 1 EL Olivenöl, Salz, Pfeffer und sämtlichen Kräutern (im gleichen Mengenverhältnis) 3 Stunden ziehen lassen.

Gehackte Zwiebeln bei starker Hitze in 1 EL Olivenöl und einer Prise Kräuter dünsten.

Zwiebelstückchen auf dem Boden einer ofenfesten Form verteilen und die Hähnchenhälften mit der Außenseite nach unten darauf legen. Im vorgeheizten Backofen bei 220 °C (Stufe 7) 25–30 Minuten lang garen, dabei gelegentlich umdrehen.

2/3 der Marinade in einem Schmortopf bei starker Hitze einkochen lassen, dabei die Oberfläche ab und zu abschäumen. Wenn die Hähnchen gar sind, den Sud entfetten und die Marinade angießen, dabei alle Ansätze vom Boden der Form losrühren.

Das Ganze nochmals einige Minuten im Schmortopf erhitzen, durch ein Sieb passieren.

Crème fraîche und das Fruchtfleisch von 2 Limetten unterrühren. Erneut kurz erhitzen, ohne zu kochen.

Vor dem Servieren die Hähnchen mit der Sauce überziehen.

Huhn im Topf

FÜR 6–8 PERSONEN

Zubereitungszeit: 25 Minuten
Kochzeit: 1 1/2–2 Stunden

ZUTATEN:

- 1 küchenfertiges Huhn (2 kg) (ausgenommen und zugenäht)
- 1 kg Kalbsknochen ohne Mark
- 2 Selleriestangen (Fuß)
- 2 weiße Rüben
- 4 dünne Lauchstangen
- 2 Zwiebeln
- 1 Bouquet garni (Kräutersträußchen)
- 2 Gewürznelken
- Pfeffer, Salz

Huhn und Kalbsknochen in einen großen Topf geben, reichlich kaltes Wasser angießen, mit Salz und Pfeffer würzen. Das Ganze zum Kochen bringen, dabei die Oberfläche mehrmals sorgfältig abschäumen.

Geschälte Zwiebeln im vorgeheizten Backofen bei 220 °C (Stufe 7) einige Minuten lang hellbraun rösten und mit einer Gewürznelke spicken.

Das gewaschene und geschälte Gemüse (Sellerieviertel), die Zwiebeln und das Bouquet garni ebenfalls in den Topf geben, salzen.

Das Ganze erneut zum Kochen bringen, danach die Hitze drosseln und 1 1/2 Stunden köcheln lassen.
Vor dem Servieren das Huhn mit dem Gemüse umlegen.

TIPP:

Die passierte und entfettete Brühe kann man auch als Suppe essen. Zum Huhn passt eine spezielle Sauce aus pürierten Champignons (1 kleine Dose), 1 Joghurt, 2 Eigelb, etwas entfetteter Brühe, 1 Prise Knoblauch, Salz und Pfeffer. Alle Zutaten sollten gut miteinander vermischt werden.

Kohleintopf mit Ente

FÜR 6 PERSONEN

Zubereitungszeit: 25 Minuten
Garzeit: 2 Stunden

ZUTATEN:

1	Ente (2 kg)
600 g	Speck
1	frische Speckschwarte ohne Fett
2 kleine Köpfe	Wirsing
1 EL	Gänsefett
•	Salz, Pfeffer

Zwei kleine Köpfe Wirsing auswählen. Die ganzen Köpfe 10–20 Minuten in kochendem Wasser blanchieren. Unter kaltem Wasser abspülen, abtropfen lassen und vom Strunk befreien.

Speck in Würfel schneiden und in kochendem ungesalzenem Wasser 5 Minuten blanchieren. Auf Küchenkrepp abtropfen lassen.

Speckwürfel in einem Schmortopf bei schwacher Hitze in Gänsefett dünsten. Danach Speckschwarte und Kohlblätter zufügen, salzen, pfeffern und ein halbes Glas Wasser angießen.

Das Ganze im geschlossenen Topf 1 Stunde schmoren lassen. Beim Kochen darauf achten, dass der Kohl zart wird, deshalb bei Bedarf etwas länger schmoren.

Die Ente im vorgeheizten Backofen bei 250 °C (Stufe 7–8) mindestens 30 Minuten goldbraun braten.

Das Fleisch auf einer Platte klein schneiden, den Sud dabei auffangen. Mit Salz und Pfeffer würzen.

Die Fleischstücke zum Kohl geben, dabei die Keulen auf den Boden des Schmortopfs legen. Den Bratensaft darüber gießen und nochmals 20–35 Minuten schmoren.

Perlhuhn mit Lauch

Für 6 Personen

Zubereitungszeit: 15 Minuten
Garzeit: 20 Minuten

Zutaten:

2	Perlhühner (je 1kg)
1,5 kg	weiße Lauchteile
1/3 l	Geflügelbrühe
2 EL	Olivenöl
•	Salz, Pfeffer

Lauch der Länge nach durchschneiden, waschen, abtropfen lassen.

Perlhühner halbieren und in einem Schmortopf in heißem Olivenöl auf jeder Seite 5 Minuten anbraten. Mit Salz und Pfeffer würzen, klein geschnittenen Lauch zufügen und heiße Geflügelbrühe angießen.

Das Ganze im geschlossenen Topf im vorgeheizten Backofen bei 220 °C (Stufe 7) 20 Minuten lang garen. Perlhuhnhälften herausnehmen und warm halten. Den Sud bei starker Hitze bis auf die Hälfte der ursprünglichen Menge einkochen lassen.

Vor dem Servieren die Perlhuhnhälften mit der Sauce übergießen, den Lauch dazu reichen.

Putenbrust mit Steinpilzen

FÜR 6 PERSONEN

Zubereitungszeit: 30 Minuten
Garzeit: 45 Minuten

ZUTATEN:

600 g	Putenbrust (in Scheiben)
2	mittelgroße Auberginen
1 Dose	Steinpilze naturbelassen
100 g	Trockenpflaumen
1 Beutel	Schwarztee
3 EL	Olivenöl
100 ml	Geflügelbrühe
•	Estragonblätter
•	Salz, Pfeffer

Einen schwachen Tee aufbrühen und die entsteinten Trockenpflaumen 15 Minuten darin ziehen lassen.

Auberginen schälen und in grobe Würfel schneiden. Auberginenwürfel mit grobem Salz bestreuen und 10 Minuten Wasser ziehen lassen. Auf Küchenkrepp abtropfen lassen und bei starker Hitze in 2 EL Olivenöl goldbraun dünsten.

Steinpilze unter lauwarmem Wasser abspülen, abtropfen lassen und in grobe Würfel schneiden. Zu den Auberginen geben und einige Minuten goldbraun dünsten.

Estragonblätter darüber streuen, mit Salz und Pfeffer würzen. Das Ganze zugedeckt bei schwacher Hitze 15–20 Minuten schmoren.

Putenbrustscheiben bei starker Hitze in 1 EL Olivenöl goldbraun braten, danach 3 EL Geflügelbrühe angießen. Ungefähr 15–20 Minuten kochen lassen, dabei darauf achten, dass das Fleisch nicht austrocknet. Nach Ende der Kochzeit Auberginen und Steinpilze zufügen.

Trockenpflaumen in etwas Olivenöl 5 Minuten dünsten und ebenfalls dazugeben. Sofort servieren.

TIPP:

Anstelle von Steinpilzen können auch Champignons verwendet werden.

Putenragout

FÜR 6 PERSONEN

Zubereitungszeit: 20 Minuten
Garzeit: 50 Minuten

ZUTATEN:

- 1,2 kg Putenfilet
- 4 große Zwiebeln
- 6 Tomaten
- 3 rote Paprikaschoten
- 150 g fettarme Crème fraîche
- 2 EL Paprika edelsüß
- 1 Prise Cayennepfeffer
- 4 EL Olivenöl oder Gänsefett
- Salz, Pfeffer

Gehackte Zwiebeln in 2 EL Olivenöl dünsten, bis sie anfangen, sich zu verfärben. Dann den in Streifen geschnittenen Paprika und die abgebrühten, abgezogenen und entkernten Tomaten zufügen.

Das Ganze bei schwacher Hitze kochen, bis ein Püree entstanden ist. Mit Salz, Pfeffer, einer Prise Cayennepfeffer und Paprika würzen.

Putenfilet in nicht allzu dünne Scheiben schneiden und in einer Pfanne bei starker Hitze in 2 EL Olivenöl oder Gänsefett braten.

Danach einige Minuten bei schwacher Hitze schmoren lassen.

Gemüsepüree dazu reichen. Sofort servieren.

Austern mit Zabaione

FÜR 4 PERSONEN

Zubereitungszeit: 20 Minuten
Garzeit: 5 Minuten

ZUTATEN:

- 24 Austern (Marennes- oder Oléron-Austern)
- 6 Eigelb
- 400 g Tomaten
- 1 Zitrone
- 1 EL fein gehackter Schnittlauch
- 3 EL fettarme Sahne
- Pfeffer, grobes Salz

Austern öffnen, das Fleisch ablösen und wieder in die Schale zurücklegen. 150 ml zurückbehaltene Austernflüssigkeit sieben.

Tomaten 30 Sekunden in kochendes Wasser legen, abziehen und die Kerne entfernen. Das Fruchtfleisch in Würfel schneiden und in einem Sieb abtropfen lassen.

Zabaione herstellen: Eigelb und gesiebte Austernflüssigkeit langsam im Wasserbad erhitzen, dabei mit dem Rührgerät schlagen, bis die Masse aufsteigt, danach kurz aufkochen. Mit Pfeffer und Schnittlauch würzen, steif geschlagene Sahne und einige Tropfen Zitronensaft zufügen.

Tomatenwürfel auf den Austern verteilen und die Zabaione darüber geben.

Eine ofenfeste Form mit grobem Salz ausstreuen (damit die Austern einen Halt haben), die Austern hineingeben und im vorgeheizten Grill 1 Minute grillen. Sofort servieren.

Abb. rechts: Hähnchen baskischer Art → Rezept Seite 153

Austernomelett

FÜR 4 PERSONEN

Zubereitungszeit: 15 Minuten
Garzeit: 7 Minuten

ZUTATEN:

8	Eier
12	Belon-Austern (Größe 00)
2 EL	gehackte glatte Petersilie
1 Prise	Safran
2 EL	fettarme Sahne
•	Salz, Pfeffer
3 EL	Sonnenblumenöl

Austern öffnen und das Fleisch aus den Schalen lösen. Austernflüssigkeit in einen Topf sieben und erhitzen, ohne zu kochen. Die Austern 1/2 Minute darin pochieren, danach aus dem Topf nehmen und warm halten.

Eier mit 2 EL Pochierflüssigkeit, Safran, Salz und Pfeffer verquirlen.

Das Omelett in Sonnenblumenöl backen, Austern auf Küchenkrepp abtropfen lassen und in der Mitte des fast durchgebackenen Omeletts anrichten. Zusammenklappen, sofort servieren.

Abb. links: Gebratene Gambas mit Ratatouille → Rezept Seite 164

Fischsoufflé

Für 4 Personen

Zubereitungszeit: 15 Minuten
Garzeit: 40 Minuten

Zutaten:

600 g Schellfisch (oder Seelachs)
4 Eier
250 ml Milch oder fettarme Sahne
• Salz, Pfeffer, Muskat

Den Fisch 6–8 Minuten gar dämpfen. Danach abkühlen lassen, zerpflücken und mit Eigelb und lauwarmer Milch oder Sahne vermengen. Mit Salz, Pfeffer und Muskat würzen.

Eiweiß steif schlagen und unter die Mischung heben.

Das Ganze in eine leicht gebutterte Souffléform geben und im vorgeheizten Backofen bei 210 °C (Stufe 6–7) 30 Minuten backen.

Sofort servieren.

Forelle mit Savoyer Käse

FÜR 4 PERSONEN

Zubereitungszeit: 15 Minuten
Garzeit: 25 Minuten

ZUTATEN:

4	Forellen (je 250–300 g)
8 Scheiben	Savoyer Käse (5 mm dick)
1 kleine Dose	abgezogene Tomaten
1/2 l	Olivenöl
1	Knoblauchzehe
100 g	Zwiebeln
20 g	Basilikum
50 g	Petersilie

Knoblauch und Zwiebeln schälen und klein hacken. Tomaten im Mixer pürieren. Knoblauch, Zwiebeln und Tomaten in heißem Olivenöl einige Minuten dünsten. Mit Salz und Pfeffer würzen.

Forellen putzen, in eine ofenfeste Form legen und mit der Tomatensauce übergießen. Das Ganze mit einem Stück Aluminiumfolie abdecken und im vorgeheizten Backofen bei 200 °C (Stufe 6) 25 Minuten garen.

10 Minuten vor Ende der Garzeit auf jede Forelle 2 Käsescheiben legen.

Vor dem Servieren mit gehackter Petersilie und gehacktem Basilikum garnieren.

Gebratene Gambas mit Ratatouille

(Foto vor Seite 161)

Für 4 Personen

Zubereitungszeit: 20 Minuten
Garzeit: 20 Minuten

Zutaten:

- 24 Gambas
- 1 Aubergine
- 2 Zucchini
- 3 Tomaten
- 1/2 rote Paprikaschote
- 1/2 grüne Paprikaschote
- 1/2 gelbe Paprikaschote
- 2 Knoblauchzehen
- 3 Zweige Petersilie
- • Korianderkörner
- 1 EL grobes Salz
- 3 EL Olivenöl

Tomaten 30 Sekunden in kochendes Wasser legen, abziehen und die Kerne entfernen. Paprikaschoten entkernen und in kleine Würfel schneiden (nicht schälen). Auberginen und Zucchini ebenfalls in kleine Würfel schneiden.

In einer antihaftbeschichteten Pfanne jedes Gemüse getrennt bei schwacher Hitze 10 Minuten dünsten (die Paprikawürfel können zusammen gedünstet werden), die Pfanne dabei mit einem Deckel verschließen.

Knoblauch und Petersilie klein hacken. Das Gemüse in eine Pfanne geben und bei starker Hitze in 1 EL Olivenöl weitere 1–2 Minuten dünsten.

Rohe Gambas schälen, Schwanz und Kopf entfernen. 2 EL Olivenöl mit grobem Salz erhitzen und die Gambas bei starker Hitze 2 Minuten darin braten.

Danach umdrehen, mit gehacktem Knoblauch und gehackter Petersilie bestreuen, Korianderkörner zufügen. Nochmals 1 Minute braten.

Auf einem Teller 5–6 Gambas mit etwas Ratatouille anrichten.

Tipp:

Es können auch tiefgefrorene Gambas verwendet werden.

Gefüllter Kabeljau

FÜR 4 PERSONEN

Zubereitungszeit: 35 Minuten
Garzeit: 25 Minuten

ZUTATEN:

1	Kabeljauschwanzstück (1 kg) (oder 1 kg Kabeljaufilet)
400 g	Krabben
250 g	frische Champignons
•	Sojasauce
•	Kerbel, Koriander, Petersilie
400 ml	trockener Weißwein
1 kg	Zucchini
2	Zwiebeln
•	Olivenöl

Kabeljau in zwei Hälften teilen, um die Mittelgräte zu entfernen. Danach die Haut abziehen. Krabben schälen, sechs davon zum Garnieren beiseite legen.

Champignons entstielen, waschen und mit Krabben, Petersilie, Kerbel und der Hälfte des Korianders im Mixer pürieren. Etwas Sojasauce unterrühren. Die Farce auf die Kabeljauhälften streichen.

Eine Form mit Zwiebelringen auslegen, 2 EL Olivenöl darüber gießen und die mit der Farce bestrichenen Fischhälften darauf legen. Restliche Krabben und Petersilie darauf verteilen. Mit Weißwein begießen und im vorgeheizten Backofen bei 200 °C (Stufe 6) 25 Minuten garen.

Zucchini schälen und in dünne Scheiben schneiden. Zucchinischeiben mit grobem Salz bestreuen und 1 Stunde Wasser ziehen lassen. Danach bei starker Hitze in etwas Olivenöl dünsten. Wenn sie gar sind, mit frischem Koriander bestreuen und mit Salz und Pfeffer würzen.

Den Fisch mit den Zucchini als Beilage servieren.

Gegrillter Thunfisch mit Speck

FÜR 6 PERSONEN

Zubereitungszeit: 5 Minuten
Grillzeit: 30 Minuten

ZUTATEN:

- 1 Thunfischfilet (1,2 kg)
- 12 hauchdünne Scheiben geräucherter Speck
- 1 EL Olivenöl
- Salz, Pfeffer

Thunfischfilet in Speckscheiben verpacken und mit einem Faden umwickeln.

Filetpäckchen beidseitig mit Olivenöl bestreichen und mit Salz und Pfeffer würzen.

Danach auf jeder Seite 15 Minuten grillen. Sofort servieren.

Gekochte Austern mit Schinken

Für 4 Personen

Zubereitungszeit: 10 Minuten
Garzeit: 18 Minuten

Zutaten:

4 Dutzend	große Austern
2 Scheiben	roher Schinken
2	Schalotten (in dünne Scheiben geschnitten)
200 g	frische Champignons (in Scheiben geschnitten)
1 EL	Zitronensaft
2 Prisen	Selleriesalz
100 g	fettarme Crème fraîche
2 EL	gehackte Petersilie
•	Salz, Pfeffer

Austern öffnen, das Fleisch aus den Schalen lösen, Austernflüssigkeit sieben. Den Schinken in Streifen schneiden, Schinkenstreifen bei starker Hitze anrösten.

Austernflüssigkeit angießen, Schalotten, Champignonscheiben, Zitronensaft, Salz, Pfeffer und Selleriesalz zufügen. Das Ganze zugedeckt 5 Minuten dünsten, dann weitere 5 Minuten ohne Deckel kochen lassen, damit die Flüssigkeit verdampft.

Austern zufügen, zum Kochen bringen. Danach Crème fraîche und Petersilie zufügen. Unter Rühren 1 Minute kochen lassen.

Sofort auf vorgewärmten Tellern servieren.

Geräucherter Schellfisch mit Joghurtsauce

FÜR 4 PERSONEN

Zubereitungszeit: 10 Minuten
Marinierzeit: 1 Stunde
Garzeit: 15 Minuten

ZUTATEN:

- 4 geräucherte Schellfischfilets (je 150 g)
- 1 l teilentrahmte Milch
- 1 Lorbeerblatt

SAUCE:

- 3 Naturjoghurts (à 150 g)
- 100 g fettarme Crème fraîche
- 2 Schalotten
- 100 ml trockener Weißwein
- gehackter Schnittlauch
- Schale einer halben Zitrone (unbehandelt)
- Pfeffer

Fischfilets in einer Mischung aus Milch, Lorbeerblatt und Pfeffer 1 Stunde einlegen. Danach abtropfen lassen. Milch zum Kochen bringen und die Fischfilets 7–8 Minuten darin garen. Topf von der Kochstelle nehmen, die Filets in der Milch abkühlen lassen.

Klein geschnittene Schalotten und Weißwein bei starker Hitze einkochen lassen, bis fast keine Flüssigkeit mehr vorhanden ist. Crème fraîche und Zitronenschale zufügen.

Von der Kochstelle nehmen, den Joghurt hineinschlagen und nochmals erhitzen, ohne zu kochen. Sauce durch ein Sieb passieren und warm halten.

Fischfilets abtropfen lassen, mit gehacktem Schnittlauch garnieren und mit der Joghurtsauce servieren.

Jakobsmuscheln auf Lauch

Für 4 Personen

Zubereitungszeit: 10 Minuten
Kochzeit: 15 Minuten

Zutaten:

16	ausgelöste Jakobsmuscheln
500 g	weiße Lauchteile
8 EL	Olivenöl
250 ml	trockener Weißwein
einige Blätter	Estragon
•	Salz, Pfeffer

Lauch putzen und in dünne Ringe schneiden. Lauchringe bei schwacher Hitze in 2 EL Olivenöl andünsten, ohne dass sie sich verfärben, Weißwein angießen. Das Ganze 15 Minuten kochen lassen.

Muschelfleisch in einer anderen Pfanne in Olivenöl auf jeder Seite 2 Minuten braten. Mit Salz, Pfeffer und gehacktem Estragon würzen.

Lauch auf vorgewärmten Tellern anrichten, Muschelfleisch darauf verteilen. Vor dem Servieren mit Pfeffer würzen.

Jakobsmuscheln mit Schinken

FÜR 4 PERSONEN

Zubereitungszeit: 10 Minuten
Garzeit: 25 Minuten

ZUTATEN:

16	rohe ausgelöste Jakobsmuscheln
1 EL	Olivenöl
1	Schalotte
150 g	roher Schinken
4 EL	fettarme Crème fraîche
200 ml	trockener Weißwein
•	Salz, Pfeffer

Gehackte Schalotte in Olivenöl andünsten. Muschelfleisch zufügen und 2 Minuten goldbraun anbraten. Mit Salz und Pfeffer würzen.

Weißwein angießen und den in breite Streifen geschnittenen Schinken zufügen. Das Ganze 15 Minuten sachte kochen lassen.

Kurz vor dem Servieren Crème fraîche zufügen.

Lachs-Geflügelleber-Spiesse

Für 6 Personen

Zubereitungszeit: 30 Minuten
Garzeit: 10 Minuten

Zutaten:

18 Würfel	frisches Lachsfleisch
12 Stücke	Geflügelleber
2	gehackte Schalotten
250 g	flüssige Sahne
1/2 l	trockener Weißwein

Geflügelleberstücke 3–4 Minuten in Olivenöl anbraten. Abwechselnd 3 Lachswürfel und 2 Geflügelleberstücke auf 6 Spieße stecken. Spieße nebeneinander in eine ofenfeste Form legen und mit Salz und Pfeffer würzen.

Weißwein und Schalotten in einem Topf bei starker Hitze bis auf die Hälfte der ursprünglichen Menge einkochen lassen, Sahne zufügen. Das Ganze 5 Minuten kochen lassen.

Sauce über die Spieße gießen, die Form bei 150 °C (Stufe 4–5) für 10 Minuten in den Backofen schieben. Danach die Spieße herausnehmen und warm halten.

Den Sud einkochen lassen, bis eine sämige Sauce entstanden ist. Spieße mit der Sauce heiß servieren.

Lachsfilet in Folie gegart mit Paprikapüree

Für 4 Personen

Zubereitungszeit: 15 Minuten
Garzeit: 45 Minuten

Zutaten:

4 Lachsfilets (je 150 g)
2 junge Zwiebeln
2 EL fettarme Crème fraîche
4–5 grüne Paprikaschoten
1 Zitrone
5 EL trockener Weißwein
• Salz, Pfeffer

Paprikaschoten in Aluminiumfolie einwickeln und im vorgeheizten Backofen bei 250 °C (Stufe 8–9) 45 Minuten garen.

In der Zwischenzeit klein geschnittene Zwiebeln in Weißwein kochen, bis die Flüssigkeit verdampft ist.

Lachsfilets salzen, pfeffern und mit einigen Tropfen Zitronensaft beträufeln. Danach jedes Lachsfilet in ein Stück Aluminiumfolie einwickeln und im vorgeheizten Backofen bei 250 °C (Stufe 8–9) 10 Minuten garen.

Paprikaschoten schälen, in Stücke schneiden und mit Zwiebeln und Crème fraîche im Mixer pürieren, danach abschmecken. Vor dem Servieren den Lachs mit Paprikapüree umlegen.

Lachsscheiben in Folie gegart mit Minze

FÜR 6 PERSONEN

Zubereitungszeit: 15 Minuten
Garzeit: 10 Minuten

ZUTATEN:

6 Lachsscheiben (je 150 g)
500 g Tomaten
300 g Sauerampfer
1 Bund Minze
100 g fettarme Crème fraîche
- Olivenöl
- Salz, Pfeffer

Tomaten 30 Sekunden in kochendes Wasser legen, abziehen, entkernen und das Fruchtfleisch in Stücke schneiden.

Sechs Stücke Aluminiumfolie mit Olivenöl bestreichen und die Tomatenstücke darauf verteilen.

Auf jedes Tomatenbett eine Lachsscheibe, gehackten Sauerampfer, 3 Blätter frische Minze und 1 TL Crème fraîche geben und mit Salz und Pfeffer würzen.

Aluminiumfolie fest verschließen und das Ganze im vorgeheizten Backofen bei 220 °C (Stufe 7) 12 Minuten garen.

Makrelen mit Lauch

Für 4 Personen

Zubereitungszeit: 30 Minuten
Garzeit: 10 Minuten

Zutaten:

4 Makrelen (je 300 g)
1/2 l Weißwein
4 weiße Lauchteile
100 g fettarme Crème fraîche
1 EL gehackte Petersilie
- Olivenöl
- Salz, Pfeffer

Makrelen putzen, 5 Minuten in heißem Weißwein pochieren.

Lauch waschen und in dünne Ringe schneiden. Lauchringe in einer Pfanne in 2 EL Olivenöl andünsten, danach etwas Weißwein angießen. Das Ganze zugedeckt 5 Minuten sachte kochen lassen.

Crème fraîche zufügen, mit Salz und Pfeffer würzen, danach von der Kochstelle nehmen. Vor dem Servieren den Fisch mit gehackter Petersilie und Lauch garnieren.

Miesmuscheln mit Curry

FÜR 6 PERSONEN

Zubereitungszeit: 20 Minuten
Garzeit: 20 Minuten

ZUTATEN:

2 kg	Miesmuscheln
50 ml	Olivenöl
100 ml	Milch
100 g	Champignons aus der Dose
3	Schalotten
4	Eigelb
1 TL	Curry
1	Zitrone
1	Bouquet garni (Kräutersträußchen)
•	Salz, Pfeffer
250 g	fettarme Crème fraîche
200 ml	trockener Weißwein

Muscheln mit Weißwein und dem Bouquet garni bei starker Hitze zum Öffnen bringen. Obere Muschelschalen entfernen und die Muscheln in einer Schüssel warm halten. Den Sud sieben und beiseite stellen.

Schalotten in Scheiben schneiden und in Olivenöl glasig dünsten. Champignons im Mixer pürieren und zu den Schalotten geben. Das Ganze gut umrühren, dann warme Milch, gesiebten Sud und Eigelb zufügen.

Mit Salz, Pfeffer, Curry und Zitronensaft würzen. Unter ständigem Rühren 10 Minuten kochen lassen, dann Crème fraîche zufügen. Die Mischung über die Muscheln gießen.

Das Ganze im vorgeheizten Backofen 10–20 Minuten backen. Sofort servieren.

Rotbarbe provenzalisch

(Foto rechts)

FÜR 6 PERSONEN

Zubereitungszeit: 35 Minuten
Garzeit: 15 Minuten

ZUTATEN:

6	Rotbarben (á 250 g) oder 12 Filets
300 g	Zucchini
300 g	Tomaten
400 g	Auberginen
3	Knoblauchzehen
1 TL	gemahlener Koriander
•	Thymian, Lorbeerblatt
•	Olivenöl
1	Zitrone
•	Estragon, Kerbel, Petersilie
8 Blätter	Basilikum
•	Salz, Pfeffer
•	Fischbrühe

Rotbarben waschen, schuppen und in Filets schneiden. Fischfilets 15 Minuten ohne Deckel in Fischbrühe kochen, danach herausnehmen und in eine ofenfeste Form legen.

Fischsud durch ein Sieb passieren und den Fisch damit bedecken. Das Ganze im vorgeheizten Backofen bei 200 °C (Stufe 6) 5 Minuten garen.

Tomaten, Zucchini und Auberginen in dünne Scheiben schneiden, mit grobem Salz bestreuen und 30 Minuten Wasser ziehen lassen. Danach die Gemüsescheiben mit etwas Olivenöl in eine feuerfeste Form geben.

Mit Salz, Pfeffer und Thymian würzen, Lorbeerblatt, Koriander und gehackten Knoblauch zufügen. Das Ganze bei 200 °C (Stufe 6) 15 Minuten garen. Danach Lorbeerblatt entfernen.

Basilikumblätter, Petersilie, Estragon und Kerbel klein hacken und mit 6 EL Olivenöl und Zitronensaft vermengen. Mit Salz und Pfeffer würzen, erhitzen. Vor dem Servieren die Fischfilets mit dem Gemüse umlegen und mit der Sauce überziehen.

Abb. rechts: Rotbarbe provenzalisch → Rezept siehe oben

Scampi griechischer Art

Für 6 bis 8 Personen

Zubereitungszeit: 15 Minuten
Garzeit: 40 Minuten

Zutaten:

36–48	Scampi
2 Dosen	abgezogene Tomaten
120 g	Feta
2	gehackte Zwiebeln
1 großer Strauß	Petersilie
200 ml	trockener Weißwein
2 EL	Olivenöl
1 TL	Oregano
•	Salz, Pfeffer

Scampi schälen und nur die Schwänze zurückbehalten. Scampischwänze unter fließendem Wasser abspülen und mit Küchenkrepp trockentupfen.

Zwiebelstückchen bei schwacher Hitze in Olivenöl andünsten, abgetropfte Tomaten, Weißwein, die Hälfte der gehackten Petersilie, Oregano, Salz und Pfeffer hineingeben.

Das Ganze ohne Deckel kochen lassen, bis die Flüssigkeit verdampft ist. Scampischwänze in einer Pfanne im restlichen Olivenöl goldbraun anbraten, abtropfen lassen.

Dann nacheinander zur Tomatenmischung geben und mit Fetawürfeln bestreuen. Unter Rühren 5 Minuten kochen lassen.

Mit gehackter Petersilie garniert servieren.

Abb. links: Artischockenböden mit Champignons → Rezept Seite 187

Seeteufelspiesse mit Speck

FÜR 4 PERSONEN

Zubereitungszeit: 15 Minuten
Grillzeit: 15 Minuten

ZUTATEN:

- 1 kg Seeteufel
- 16 dünne Scheiben geräucherter Speck
- 8 frische Lorbeerblätter
- 2 Tomaten
- 2 unbehandelte Zitronen
- 8 kleine Zwiebeln
- 5 EL Olivenöl
- gehackte Petersile
- Salz, Pfeffer

Seeteufel in 16 Stücke schneiden, jedes Stück in eine Speckscheibe einwickeln.

Abwechselnd 1 Tomatenviertel, 2 Seeteufelstücke, 1 Lorbeerblatt, 1 Zwiebel und 1 Zitronenviertel auf Spieße stecken (zweimal pro Spieß). Mit Salz und Pfeffer würzen.

Spieße unter regelmäßigem Bestreichen mit Olivenöl 15 Minuten grillen. Mit gehackter Petersilie garnieren, heiß servieren.

SEEZUNGE NORMANNISCHER ART

FÜR 6 PERSONEN

Zubereitungszeit: 5 Minuten
Garzeit: 20 Minuten

ZUTATEN:

- 6 große Seezungenfilets
- 1 Päckchen Fischbrühe
- 100 g geschälte Krabben
- 1 Dose Champignons (125 g)
- 1 Eigelb
- 1 kleiner Becher fettarme Crème fraîche
- 1 Zitrone
- Salz, Pfeffer

Fischbrühe nach Packungsaufschrift anrühren und die Seezungenfilets 10 Minuten darin pochieren. Danach abtropfen lassen und warm stellen.

Krabben, abgetropfte Champignons, Crème fraîche und Zitronensaft miteinander vermengen.

Die Mischung einige Minuten leicht erhitzen. Danach von der Kochstelle nehmen, Eigelb unterrühren und mit Salz und Pfeffer würzen.

Fischfilets mit der Sauce servieren.

Seezunge paniert mit Parmesan

FÜR 4 PERSONEN

Zubereitungszeit: 5 Minuten
Bratzeit: 10 Minuten

ZUTATEN:

- 4 mittelgroße Seezungen
- 2 EL Olivenöl
- 40 g geriebener Parmesan
- 1 Zitrone
- Pfeffer

Seezungen ausnehmen und häuten. Geriebenen Parmesan und Pfeffer in einem Teller mischen und die Seezungen darin wenden.

Den panierten Fisch bei mittlerer Hitze in Olivenöl auf jeder Seite 3–4 Minuten braten.

Mit Zitronensaft verfeinern, sofort servieren.

Seezungenfilet mit Auberginenpüree

Für 4 Personen

Zubereitungszeit: 20 Minuten
Grillzeit: 30 Minuten

Zutaten:

4	Seezungenfilets (je 150 g)
•	Fischbrühe (1–2 Schöpflöffel)
1 kg	Auberginen
1	Zitrone
100 ml	Olivenöl
4 Blätter	Basilikum
•	Salz, Pfeffer

Auberginen 30 Minuten im Backofen grillen, zwischendurch umdrehen, damit die Haut von allen Seiten gut gegrillt wird (bis sie fast verbrannt ist).

Haut und Kerne entfernen, das Fruchtfleisch zusammen mit Olivenöl, Zitronensaft, Basilikum, Salz und Pfeffer im Mixer pürieren.

Fischfilets in eine ofenfeste Form legen und mit Fischbrühe begießen. Das Ganze im vorgeheizten Backofen bei 200 °C (Stufe 6) 5–7 Minuten garen.

Fischfilets auf einer vorgewärmten Platte anrichten und mit Auberginenpüree umlegen.

Empfehlung:

Als Beilage bietet sich auch Spinat an.

Steinbuttcreme mit Kressepüree

Für 4 Personen

Zubereitungszeit: 15 Minuten
Garzeit: 1 1/4 Stunden

Zutaten:

500 g	Steinbuttfilet
8	Scampi
1 Kästchen	Kresse
200 g	fettarme Sahne
500 g	fettarme Crème fraîche
2	Eier
2	Eiweiß
1	Bouquet garni (Kräutersträußchen)
1 Päckchen	Fischbrühe
•	Salz, Pfeffer
•	Butter (zum Einfetten der Förmchen)

Fischfilets unter Zugabe des Bouquet garni, sowie Salz und Pfeffer 20 Minuten in Fischbrühe kochen, danach abtropfen lassen. Scampi 2 Minuten in kochendes Wasser legen, schälen.

Fischfilets im Mixer pürieren, Eier verquirlen und unter die Fischmasse rühren. Crème fraîche und 50 ml gesiebte Fischbrühe zufügen. Eiweiß steif schlagen und vorsichtig unterheben, so dass eine homogene Masse entsteht.

Vier Auflaufförmchen mit Butter ausstreichen, jede Form mit zwei Scampi auslegen und die Masse darauf verteilen. Das Ganze mit Aluminiumfolie abdecken und im vorgeheizten Backofen bei 150 °C (Stufe 4–5) 20 Minuten im Wasserbad garen.

Kresse putzen und 5 Minuten in kochendem Wasser blanchieren. Danach abtropfen lassen, pürieren und durch ein Sieb passieren.

Kurz vor dem Servieren das mit Sahne vermengte Kressepüree erhitzen, ohne zu kochen. Mit Salz und Pfeffer würzen. Steinbuttcreme aus den Förmchen nehmen und mit Kressepüree servieren.

Zanderröllchen mit Kohl

Für 4 Personen

Zubereitungszeit: 25 Minuten
Garzeit: 20 Minuten

Zutaten:

500 g Zanderfilet
250 g Quark
4 Eiweiß
1 Grünkohl
• Salz, Pfeffer

Zanderfilet im Mixer pürieren und mit dem Quark vermengen. Eiweiß steif schlagen und unter die Mischung heben, so dass eine homogene Masse entsteht. Mit Salz und Pfeffer würzen.

Die Farce in vier gleich große Portionen teilen, jede Portion auf ein eingeöltes Stück Aluminiumfolie legen, verschließen und zu Röllchen formen. Zanderröllchen im Schnellkochtopf 10 Minuten gar dämpfen.

Kohl waschen, vom Strunk befreien und in Blätter teilen. Kohlblätter salzen und pfeffern, danach 10 Minuten gar dämpfen.

Kohlblätter auf einem Teller anrichten und die Zanderröllchen (ohne Aluminiumfolie) darauflegen.

Nach Belieben Tomatenpüree dazu reichen.

Gemüsebeilagen

Artischockenböden mit Champignons (V)

(Foto vor Seite 177)

Für 4 Personen

Zubereitungszeit: 15 Minuten
Garzeit: 40 Minuten

Zutaten:

- 8 Artischockenböden
- 4 Knoblauchzehen
- 2 Zitronen
- 250 g frische Champignons
- gehackte Petersilie
- Olivenöl
- Salz, Pfeffer

Champignons waschen und in dünne Scheiben schneiden. Mit Zitronensaft beträufeln, damit sie sich nicht verfärben.

Champignonscheiben mit zerdrücktem Knoblauch in einer Pfanne in 1 EL Olivenöl 10 Minuten dünsten. Mit Salz und Pfeffer würzen.

Artischockenböden 30 Minuten gar dämpfen (15 Minuten im Schnellkochtopf). Danach mit der Champignonmasse füllen und mit gehackter Petersilie garniert servieren.

AUBERGINEN GEFÜLLT MIT TOMATEN UND MOZZARELLA

(Foto nach Seite 208)

FÜR 4 PERSONEN

Zubereitungszeit: 10 Minuten
Garzeit: 40 Minuten

ZUTATEN:

- 2 Auberginen
- 2 Tomaten
- 200 g Mozzarella
- 4 Sardellenfilets
- 1/2 TL Oregano
- Salz, Pfeffer

Auberginen halbieren, in Aluminiumfolie einwickeln und im vorgeheizten Backofen bei 190 °C (Stufe 5–6) 30 Minuten garen.

Tomaten 30 Sekunden in kochendes Wasser legen, abziehen, entkernen und in Würfel schneiden.

Auberginenhälften in eine ofenfeste Form legen, mit Tomatenwürfeln füllen und mit Salz und Pfeffer würzen. Dann Mozzarellascheiben und Sardellenfilets darauf verteilen (1 Sardellenfilet pro Auberginenhälfte).

Oregano aufstreuen und das Ganze bei 250 °C (Stufe 7–8) für 7–10 Minuten in den Backofen schieben, bis der Käse geschmolzen ist und sich leicht bräunt.

Sofort servieren.

Brokkoli mit Mandelsauce (V)

für 4 Personen

Zubereitungszeit: 15 Minuten
Garzeit: 15 Minuten

Zutaten:

800 g Brokkoli
1 Zwiebel
30 g gehobelte Mandeln
3 Tomaten
- gehackte Petersilie
- Knoblauch
- Salz, Pfeffer

2 EL Olivenöl

Brokkoli waschen und 10 Minuten in Salzwasser kochen.

Tomaten 30 Sekunden in kochendes Wasser legen, abziehen, entkernen und in Würfel schneiden. Tomatenwürfel mit in Scheiben geschnittener Zwiebel und zerdrücktem Knoblauch in einem Topf in Olivenöl andünsten.

Gehobelte Mandeln zufügen, mit Salz und Pfeffer würzen. Weitere 15 Minuten dünsten.

Brokkoli abtropfen lassen und mit der Mandelsauce servieren. Mit gehackter Petersilie garnieren.

Chicorée mit Sardelle

FÜR 4 PERSONEN

Zubereitungszeit: 10 Minuten
Garzeit: 15 Minuten

ZUTATEN:

- 8 kleine Kolben Chicorée
- 1 Sardellenfilet
- 100 ml trockener Weißwein
- 1 Knoblauchzehe
- 2 EL Estragonessig
- 5 EL Olivenöl
- Salz, Pfeffer

Chicoréekolben unten abschneiden und bei mittlerer Hitze in 1 EL Olivenöl 5 Minuten dünsten.

Weißwein angießen und mit Salz und Pfeffer würzen. Nochmals 10 Minuten dünsten. Danach Chicoréekolben herausnehmen und warm halten.

Knoblauch und Sardellenfilet zerdrücken, Essig, Öl, Pfeffer und 2 EL Kochflüssigkeit zufügen.

Chicorée mit der Sauce überzogen servieren.

Gemüseauflauf provenzalisch (V)

für 4 Personen

Zubereitungszeit: 15 Minuten
Garzeit: 30 Minuten

Zutaten:

500 g Zucchini
4 Eier
2 rote Paprikaschoten
1 Tomate
1 Zwiebel
100 g geriebener Greyerzer
4 EL teilentrahmte Milch
2 EL Olivenöl
• Salz, Pfeffer

Zucchini waschen und ungeschält in kleine Stücke schneiden. Paprikaschoten waschen, entkernen und in kleine Würfel schneiden. Tomate 30 Sekunden in kochendes Wasser legen, abziehen, entkernen und ebenfalls in kleine Würfel schneiden. Zwiebel schälen und in Scheiben schneiden.

Alle Gemüsezutaten in einer Pfanne in heißem Olivenöl 20 Minuten dünsten. Mit Salz und Pfeffer würzen.

Eier verquirlen, Milch und geriebenen Greyerzer zufügen. Mit Salz und Pfeffer würzen.

Dann das Gemüse hineingeben, gut umrühren. Das Ganze in eine Auflaufform füllen und im vorgeheizten Backofen bei 200 °C (Stufe 6) 30 Minuten im Wasserbad garen. Heiß oder kalt servieren, Tomatenpüree dazu reichen.

Kopfsalat-Sauerampfer-Püree (V)

Für 4 Personen

Zubereitungszeit: 20 Minuten
Garzeit: 30 Minuten

Zutaten:

- 3 Kopfsalatherzen
- 2 Bund Sauerampfer
- 3 Zwiebeln
- 150 g fettarme Crème fraîche
- 1 EL Olivenöl
- Salz, Pfeffer

Kopfsalat waschen und trockenschleudern. Sauerampferblätter waschen, trockenschleudern und die dicken Blattrippen entfernen. Alle Gemüseblätter in breite Streifen schneiden.

Zwiebeln in Scheiben schneiden und in heißem Olivenöl 5 Minuten dünsten. Dann Kopfsalat- und Sauerampferstreifen zufügen und zugedeckt 15 Minuten sachte dünsten.

Danach den Deckel entfernen und das Ganze so lange kochen lassen, bis die Flüssigkeit verdampft ist.

Kurz vor dem Servieren im Mixer pürieren, Crème fraîche zufügen und mit Salz und Pfeffer würzen.

Empfehlung:

Diese Beilage passt sehr gut zu Fisch oder hellem Fleisch.

Lauchpüree (V)

Für 6 Personen

Zubereitungszeit: 10 Minuten
Kochzeit: 25 Minuten

Zutaten:

2 kg Lauch
200 g fettarme Crème fraîche
- Saft einer Zitrone
- Salz, Pfeffer

Lauch waschen, putzen und in Ringe schneiden. Lauchringe etwa 20 Minuten in Salzwasser kochen, gut abtropfen lassen.

Lauch im Mixer zu einem feinen Püree verarbeiten, dann in einem feinen Sieb abtropfen lassen, um die Flüssigkeit zu entfernen.

Lauchpüree leicht erhitzen, mit Zitronensaft, Salz und Pfeffer würzen. Dann unter Rühren Crème fraîche zufügen, so dass ein lockeres Püree entsteht.

Heiß servieren.

Empfehlung:
Dieses Püree passt zu Fisch oder hellem Fleisch.

Tipp:
Das Püree kann auch aus Spinat, Blumenkohl, Brokkoli, Zucchini, Sellerie, Champignons, grünen Bohnen, ... zubereitet werden.

LAUCHSOUFFLÉ (V)

FÜR 5 PERSONEN

Zubereitungszeit: 20 Minuten
Backzeit: 35 Minuten

ZUTATEN:

- 1 kg weiße Lauchteile
- 500 g Quark
- 100 g geriebener Emmentaler
- 150 g fettarme Crème fraîche
- 6 Eigelb
- 6 Eiweiß
- Muskatnuss
- Olivenöl
- Salz, weißer Pfeffer

Lauch waschen, putzen und in Ringe schneiden. Lauchringe 1 Minute in kochendem Salzwasser blanchieren, gut abtropfen lassen.

Quark mit Crème fraîche vermengen, Eigelb unterrühren, dann die Hälfte des geriebenen Emmentalers zufügen. Mit Salz, Pfeffer und Muskat würzen. Eiweiß steif schlagen und unter die Mischung heben.

Eine Souffléform mit Olivenöl ausstreichen, die Hälfte der Mischung hineinfüllen und die Lauchmasse darüber geben. Das Ganze mit der restlichen Mischung abdecken und mit geriebenem Emmentaler bestreuen.

Die Form mit einem Stück Aluminiumfolie verschließen und bei 200 °C (Stufe 6) für 35 Minuten in den Backofen schieben. 15 Minuten vor Ende der Backzeit die Aluminiumfolie entfernen.

Sofort servieren.

SELLERIE FRITTIERT (V)

FÜR 4 PERSONEN
Zubereitungszeit: 15 Minuten

ZUTATEN:

2 kleine Sellerieknollen
- Saft einer Zitrone
- Sonnenblumenöl (zum Fritieren)

Sellerie schälen und in Streifen schneiden. Selleriestreifen 5 Minuten in gesalzenem Zitronenwasser blanchieren. Auf Küchenkrepp abtropfen lassen.

Danach in der heißen Frittüre goldbraun backen. Auf Küchenkrepp abfetten lassen.

Vor dem Servieren salzen.

EMPFEHLUNG:
Diese Beilage passt zu Rind- und Hammelfleisch.

Sellerie gebraten in Gänsefett

für 4 Personen

Zubereitungszeit: 15 Minuten

Zutaten:

2 kleine Sellerieknollen
- Saft einer Zitrone
1 EL Gänsefett

Sellerie schälen und in Würfel schneiden. Selleriewürfel 5 Minuten in gesalzenem Zitronenwasser blanchieren.

Auf Küchenkrepp abtropfen lassen. Danach in einer Pfanne in heißem Gänsefett hellbraun rösten.

Auf Küchenkrepp abfetten lassen, salzen. Heiß servieren.

Empfehlung:

Diese Beilage passt besonders gut zu „confit d'oie" (eingemachtes Gänsefleisch) oder „confit de canard" (eingemachtes Entenfleisch).

Sellerie paniert mit Parmesan (V)

Für 4 Personen

Zubereitungszeit: 15 Minuten
Garzeit: 10 Minuten

Zutaten:

- 2 kleine Sellerieknollen
- Saft einer Zitrone
- 4 Eigelb
- 250 g fettarme Crème fraîche
- 400 g geriebener Parmesan
- Olivenöl
- Salz, Pfeffer, Muskatnuss

Sellerie schälen und in dicke Scheiben schneiden. Selleriescheiben 5 Minuten in gesalzenem Zitronenwasser blanchieren. Danach auf Küchenkrepp abtropfen lassen.

Eigelb verquirlen, Crème fraîche zufügen und mit Salz, Pfeffer und Muskat würzen.

Selleriescheiben nacheinander in der Ei-Crème-fraîche-Mischung und in Parmesan wenden.

Danach in einer Pfanne in heißem Olivenöl goldbraun braten. Auf Küchenkrepp abfetten lassen.

Heiß servieren.

Tomaten gefüllt mit Champignons (V)

Für 4 Personen

Zubereitungszeit: 15 Minuten
Backzeit: 20 Minuten

Zutaten:

8	Tomaten
1 große Dose	Champignons
100 g	Magerquark mit 0,3 % Fettgehalt
•	Schnittlauch
•	Salz, Pfeffer

Tomaten waschen, oben ein Stück abschneiden, aushöhlen. Danach mit der Öffnung nach unten drehen und abtropfen lassen. Champignons ebenfalls abtropfen lassen und mit dem Fruchtfleisch der Tomaten im Mixer pürieren.

Magerquark zufügen und mit Salz, Pfeffer und gehacktem Schnittlauch würzen.

Tomaten damit füllen und im vorgeheizten Backofen bei 200 °C (Stufe 6) 20 Minuten backen.

Sofort servieren.

Tipp:
Anstelle von Tomaten können auch Auberginen verwendet werden.

Überbackene Artischocken

Für 6 Personen

Zubereitungszeit: 10 Minuten
Garzeit: 1 1/2 Stunden

Zutaten:

6	Artischocken
1	Zwiebel
1/2 l	Fleischbrühe
1 kleine Dose	Spargelköpfe
120 g	Quark mit 20 % Fettgehalt
60 g	geriebener Emmentaler
•	Olivenöl
•	Salz, Pfeffer

Artischocken waschen und 20 Minuten in Salzwasser kochen. Danach abtropfen lassen, Blätter und das ungenießbare strohige Innere entfernen und nur die Böden zurückbehalten.

Artischockenböden mit in Scheiben geschnittener Zwiebel bei starker Hitze in 3 EL Olivenöl einige Minuten andünsten.

Fleischbrühe angießen, mit Salz und Pfeffer würzen. Das Ganze 30 Minuten kochen lassen.

Spargelköpfe abtropfen lassen und bei starker Hitze in 1 EL Olivenöl 5 Minuten dünsten.

Artischockenböden in eine feuerfeste Form legen, mit Spargelköpfen und Quark füllen und mit geriebenem Emmentaler bestreuen.

Das Ganze 10 Minuten im vorgeheizten Ofen überbacken.
Sofort servieren.

Tipp:
Es können auch küchenfertige Artischockenböden aus der Dose verwendet werden.

Überbackene Champignons (V)

Für 8 Personen

Zubereitungszeit: 15 Minuten
Garzeit: 20 Minuten

Zutaten:

- 1,5 kg frische Champignons
- 1 1/2 Zitronen
- 5 Eigelb
- 300 g fettarme Crème fraîche
- 150 g geriebener Greyerzer
- Olivenöl
- Salz, Pfeffer
- Muskatnuss

Champignons unter fließendem Wasser waschen. Abtropfen lassen, dabei mit Zitronensaft beträufeln, um die weiße Farbe zu erhalten. Danach in dünne Scheiben schneiden und in einer Pfanne bei schwacher Hitze in Olivenöl 15 Minuten dünsten.

Eigelb und Crème fraîche in einer Schüssel mischen und mit Salz, Pfeffer und Muskat würzen.

Champignons in eine ofenfeste Form füllen, die Ei-Crème-fraîche-Mischung darauf verteilen und geriebenen Greyerzer darüber streuen.

Das Ganze zum Überbacken bei 270 °C (Stufe 8) in den Backofen schieben.

Sofort servieren.

ZUCCHINI GEFÜLLT MIT MAGERQUARK (V)

FÜR 4 PERSONEN

Zubereitungszeit: 20 Minuten
Garzeit: 40 Minuten

ZUTATEN:

- 4 kleine Zucchini
- 80 g Magerquark
- 2 Eiweiß
- 50 ml teilentrahmte Milch
- 50 g fettarme Sahne
- 3 Schalotten
- Olivenöl
- Salz, Pfeffer, Muskatnuss

Zucchini waschen, halbieren und die Kerne entfernen. Zucchinihälften leicht aushöhlen, etwas Fruchtfleisch beiseite legen. Danach 3 Minuten in kochendem Salzwasser blanchieren.

In Scheiben geschnittene Schalotten und beiseite gelegtes Fruchtfleisch bei schwacher Hitze in 2 EL Olivenöl 5 Minuten andünsten.

Milch und Sahne zufügen, mit Salz, Pfeffer und Muskat würzen. Weitere 10 Minuten kochen lassen. Danach von der Kochstelle nehmen und etwas abkühlen lassen.

Eiweiß steif schlagen und unterheben, Magerquark unterrühren.

Zucchini damit füllen und in eine leicht eingeölte feuerfeste Form legen. Außen mit Olivenöl bestreichen, damit sie nicht austrocknen.

Im vorgeheizten Backofen bei 200 °C (Stufe 6) 20 Minuten backen.

Heiß servieren.

Kohlenhydrathaltige Gerichte

Bohnen mit Artischocken (V)

Für 4 Personen

Zubereitungszeit: 30 Minuten
Garzeit: 30 Minuten

Zutaten:

- 1,5 kg frische Bohnen (außer Dicke Bohnen)
- 8 kleine Artischocken
- Saft zweier Zitronen
- 15 Schalotten
- 1 Zweig Thymian
- 200 ml Weißwein
- 4 große Tomaten
- Salz, Pfeffer

Bohnen 15 Minuten gar kochen. Unter kaltem Wasser abschrecken, halbieren und abziehen.

Artischocken von Blättern und vom ungenießbaren strohigen Inneren befreien und nur die Böden zurückbehalten. Artischockenböden mit Zitronensaft einreiben, damit sie sich nicht verfärben.

In Scheiben geschnittene Schalotten in einer antihaftbeschichteten Pfanne bei starker Hitze im restlichen Zitronensaft einige Minuten andünsten.

Artischockenböden, Thymian und Weißwein zufügen und mit Salz und Pfeffer würzen. Das Ganze 15 Minuten sachte kochen lassen.

Tomaten 30 Sekunden in kochendes Wasser legen, damit sich die Haut leichter abziehen lässt, vierteln und entkernen.

Tomatenviertel und Bohnen zur Artischockenmischung geben. Das Ganze ohne Deckel nochmals einige Minuten kochen lassen, bis die Flüssigkeit verdampft ist.

Erbsenpüree (V)

Für 4 Personen

Zubereitungszeit: 20 Minuten
Einweichzeit: 12 Stunden
Garzeit: 1 Stunde

Zutaten:

- 300 g Trockenerbsen
- 1 Zwiebel, gespickt mit
- 3 Gewürznelken
- 1 Lorbeerblatt
- 1 Bouquet garni (1 Zweig Majoran, 1 Zweig Thymian, 3 Zweige Petersilie)
- 50 g Magerquark mit 0,3 % Fettgehalt
- Muskatnuss
- grobes Salz
- Salz, Pfeffer

Erbsen über Nacht in kaltem Wasser einweichen. Zusammen mit grobem Salz, Zwiebel, Lorbeerblatt und dem Bouquet garni in einen Schmortopf geben und so viel kaltes Wasser angießen, dass der Topfinhalt bedeckt ist.

Das Ganze zum Kochen bringen, dann die Hitze drosseln und die Erbsen sachte 60 Minuten lang garen.

Danach abtropfen lassen, im Mixer pürieren und durch ein Sieb passieren. Magerquark zufügen und das Ganze erhitzen, ohne zu kochen.

Mit Muskat, Salz und Pfeffer würzen.

Sofort servieren.

Linsen mit Tomaten (V)

Für 4 Personen

Zubereitungszeit: 2 1/4 Stunden
Garzeit: 1 Stunde

Zutaten:

- 400 g grüne Linsen
- 1 Zwiebel
- 1 EL Petersilie
- 1 Knoblauchzehe
- 200 g Selleriestangen
- Saft einer Zitrone
- 1 Zweig Thymian
- 6 Tomaten
- Salz, Pfeffer

Linsen 12 Stunden in kaltem Wasser einweichen. Danach in Salzwasser 35 Minuten gar kochen, abtropfen lassen.

Zitronensaft in einer antihaftbeschichteten Pfanne erhitzen und in Scheiben geschnittene Zwiebel, Petersilie, gehackten Knoblauch, geschälten Sellerie (in dünne Streifen geschnitten) und Thymian darin andünsten. Mit Salz und Pfeffer würzen und zu den Linsen geben.

Tomaten 30 Sekunden in kochendes Wasser legen, damit sich die Haut leichter abziehen lässt, vierteln, entkernen und zur Linsenmischung geben.

Das Ganze in eine feuerfeste Form füllen und bei 130 °C (Stufe 4) für 20 Minuten in den Backofen schieben.

Sofort servieren.

Naturreis-Auberginen-Auflauf

Für 4 Personen

Zubereitungszeit: 20 Minuten
Garzeit: 50 Minuten

Zutaten:

- 200 g Naturreis
- 2 Auberginen
- 500 g Tomaten
- 2 Zwiebeln
- 2 Knoblauchzehen
- Saft einer Zitrone
- 2 TL Thymian
- 100 ml Fleischbrühe
- Salz, Pfeffer

Naturreis 35–40 Minuten in Salzwasser gar kochen, abtropfen lassen. Auberginen waschen und in Scheiben schneiden. Auberginenscheiben mit grobem Salz bestreuen und 20 Minuten Wasser ziehen lassen. Danach mit Küchenkrepp trockentupfen.

In Scheiben geschnittene Zwiebeln und zerdrückten Knoblauch in einer antihaftbeschichteten Pfanne in Zitronensaft einige Minuten dünsten. Mit Salz, Pfeffer und Thymian würzen.

Auberginen und in Scheiben geschnittene Tomaten getrennt in einer antihaftbeschichteten Pfanne dünsten, die Pfanne dabei mit einem Deckel verschließen.

Abwechselnd Reis, Auberginen und Tomaten in eine ofenfeste Form schichten und mit Fleischbrühe begießen. Das Ganze bei 190 °C (Stufe 5–6) für 30 Minuten in den Backofen schieben.

Heiß servieren.

Abb. rechts: Auberginen gefüllt mit Tomaten und Mozarella → Rezept Seite 188

Vollkornspaghetti mit Zucchini (V)

(Foto links)

Für 4 Personen

Zubereitungszeit: 10 Minuten
Garzeit: 10 Minuten

Zutaten:

- 250 g Magerquark mit 0,3 % Fettgehalt
- 2 EL gehacktes Basilikum
- 2 TL Dijon-Senf
- 500 g Zucchini
- Saft einer Zitrone
- 400 g Vollkornspaghetti
- Salz, Pfeffer

Zucchini waschen und in Würfel schneiden. Zucchiniwürfel in einer antihaftbeschichteten Pfanne in Zitronensaft dünsten, bis sie schön weich sind, die Pfanne dabei mit einem Deckel verschließen. Mit Salz und Pfeffer würzen.

Magerquark, Senf und Basilikum in einem Topf erhitzen.

Spaghetti 12 Minuten in Salzwasser kochen (selbst gemachte Spaghetti 3 Minuten), abtropfen lassen.

Auf Tellern anrichten, mit Zucchini umlegen und mit der Sauce überzogen servieren.

Tipp:

Zu Spaghetti und insbesondere zu Bandnudeln passt eine Champignonsauce aus folgenden Zutaten: Champignonpüree, Magerquark mit 0,3 % Fettgehalt, Knoblauch, Estragon, Salz und Pfeffer.

Abb. links: Vollkornspaghetti mit Zucchini → Rezept siehe oben

REZEPTE FÜR PHASE II

Phase II der „Montignac-Methode“ ist die natürliche Fortsetzung von Phase I und unterscheidet sich lediglich dadurch, dass weniger Einschränkungen bestehen, so dass bestimmte Lebensmittel wie Gänseleber, Schokolade oder Avocados wieder endgültig erlaubt sind.

Außerdem sind in dieser Phase Ausnahmen zugelassen, mit denen es geschickt umzugehen gilt. Allerdings sollte man unterscheiden, ob es sich um ganz kleine Ausnahmen wie Linsen mit Speck, Hammelkeule mit weißen Bohnen, Spaghetti Bolognese (Vollkornspaghetti), Nachspeisen mit Bitterschokolade oder um große Ausnahmen wie Entrecôte mit Pommes frites, Paella mit weißem Reis oder Rum-Baba (mit Rum getränkte Hefeküchlein) handelt.

Im Rezeptteil von Phase II sind nur kleine Ausnahmen zu finden, da große Ausnahmen einer falschen Ernährungsweise entsprechen. Selbst wenn bei einem richtigen Umgang mit diesen Ausnahmen nichts dagegen spricht, so ist diese Ernährungsweise im Hinblick auf unsere Grundprinzipien doch auf keinen Fall zu befürworten.

Vorspeisen

Avocadocreme (V)

Für 6 Personen

Zubereitungszeit: 30 Minuten
Garzeit: 10 Minuten
Kühlzeit: 6 Stunden

Zutaten:

- 6 Avocados
- 2 Tomaten
- 2 Zitronen
- 7 Eigelb
- 4 große Blätter Gelatine
- 400 ml teilentrahmte Milch
- Salz, Pfeffer

Tomaten 30 Sekunden in kochendes Wasser legen, abziehen, entkernen und in Würfel schneiden. Tomatenwürfel mit grobem Salz bestreuen und Wasser ziehen lassen.

Eigelb mit Salz und Pfeffer verquirlen. Milch zum Kochen bringen, etwas abkühlen lassen. Lauwarme Milch unter kräftigem Rühren nach und nach in die Eigelbmasse geben. Das Ganze unter Rühren 8–10 Minuten erhitzen, bis eine gebundene Creme entstanden ist. Von der Kochstelle nehmen und die zuvor in kaltem Wasser eingeweichten und ausgedrückten Gelatineblätter darin auflösen.

Das Fruchtfleisch von 3 Avocados mit Zitronensaft beträufeln und in die Creme geben. Abgetropfte Tomatenwürfel zufügen. Das Fruchtfleisch der restlichen 3 Avocados in Stücke schneiden, mit Zitronensaft beträufeln und beiseite stellen.

Die Hälfte der Creme in eine Kastenform füllen und 10 Minuten in den Kühlschrank stellen. Danach beiseite gestellte Avocadostücke darauf verteilen.

Das Ganze mit der restlichen Creme abdecken und 6 Stunden kühl stellen. Danach aus der Form nehmen und kühl servieren. Nach Belieben Tomatenpüree dazu reichen.

Avocado mit Quark (V)

FÜR 6 PERSONEN

Zubereitungszeit: 20 Minuten

ZUTATEN:

- 3 große reife Avocados
- 200 g Quark/Frischkäse mit 40 % Fettgehalt
- 1 Naturjoghurt (150 g)
- 1 kleine Knoblauchzehe
- 1 kleiner Strauß Petersilie
- 1 kleiner Bund Schnittlauch
- 1 kleiner Strauß Dill
- 2 Eiweiß
- Zitronensaft
- Olivenöl
- Salz, Pfeffer

Avocados halbieren und die Kerne entfernen. Joghurt, Quark/Frischkäse, zerdrückten Knoblauch und gehackte Küchenkräuter miteinander vermengen.

Mit etwas Zitronensaft, Olivenöl, Salz und Pfeffer würzen.

Eiweiß steif schlagen und unterheben, so dass eine lockere Creme entsteht.

Die Avocados damit füllen, kühl servieren.

Entenleberterrine

für 5 Personen

Zubereitungszeit: 10 Minuten
Garzeit: 35 Minuten

Zutaten:

1 kg frische Entenleber
100 ml weißer Portwein
- Salz, Pfeffer
- Muskatnuss

Entenleber in Eiswasser legen und 6 Stunden in den Kühlschrank stellen (die Leber muss vollkommen mit Wasser bedeckt sein).

Sehnen entfernen und mit Portwein, Salz, Pfeffer und Muskat würzen. Danach in eine Terrine legen und festdrücken.

Mit einem Stück Aluminiumfolie abdecken und im vorgeheizten Backofen bei 100–120 °C (Stufe 3–4) 35 Minuten im Wasserbad garen.

Tipp:

Anstelle von Portwein kann man auch Armagnac oder Sauternes verwenden.

Gnocchi mit Basilikum (V)

Für 6 Personen

Zubereitungszeit: 1 1/2 Stunden
Backzeit: 15 Minuten

Zutaten:

1 l	teilentrahmte Milch
300 g	Vollkorngrieß
3	Eigelb
3 EL	Olivenöl
100 g	geriebener Greyerzer
•	Salz, Pfeffer, Muskatnuss
•	Basilikum

Milch zum Kochen bringen, den Grieß hineinrieseln lassen und unter Rühren 10 Minuten bei schwacher Hitze kochen, bis eine dicke Masse entstanden ist.

Mit Salz, Pfeffer, Muskat und Olivenöl würzen. Den Topf von der Kochstelle nehmen, nacheinander das Eigelb hineinrühren, so dass ein Teig entsteht.

Den Teig 0,5 cm dick auf ein großes angefeuchtetes Stück Aluminiumfolie streichen, abkühlen lassen.

Gnocchi in der gewünschten Form ausstechen, in eine feuerfeste Form schichten, mit geriebenem Greyerzer bestreuen und mit etwas Olivenöl begießen.

Das Ganze bei 250 °C (Stufe 7–8) für 15 Minuten in den Backofen schieben. Tomatenpüree mit Basilikum zubereiten (siehe S. 80).

Gnocchi mit Tomatenpüree umlegen, heiß servieren.

Käseterrine mit Walnüssen (V)

Für 4 Personen

Zubereitungszeit: 15 Minuten
Kühlzeit: 6 Stunden

Zutaten:

150 g	Magerquark (gut abgetropft)
100 g	Greyerzer-Schmelzkäse (oder ähnliche Käsesorte)
150 g	Roquefort
8–10 Scheiben	Mozzarella
100 g	geschälte Walnüsse
2 EL	naturreines Olivenöl
•	Salz, Pfeffer, frisches Basilikum

Magerquark und Schmelzkäse zu einer feinen Creme verrühren. Mit Salz und Pfeffer würzen. Roquefort und Olivenöl miteinander vermengen.

Eine Kastenform mit Aluminiumfolie auslegen und schichtweise abwechselnd Mozzarellascheiben (salzen, pfeffern und mit Basilikum bestreuen), Käsecreme, Roquefort-Olivenöl-Mischung und zerkleinerte Walnüsse hineinfüllen.

Mit einer Mozzarellaschicht abschließen, Basilikum darüber streuen. Das Ganze leicht festdrücken und mindestens 6 Stunden in den Kühlschrank stellen.

Aus der Form nehmen und gut gekühlt servieren.

Empfehlung:

Nach Belieben Tomatenpüree (aus frischen Tomaten) mit Kerbel, Schnittlauch, Petersilie oder Basilikum dazu reichen.

Nizzasalat mit Naturreis

FÜR 6–8 PERSONEN

Zubereitungszeit: 10 Minuten
Kochzeit: 35–40 Minuten
Kühlzeit: 30 Minuten

ZUTATEN:

400 g	Naturreis (Langkorn)
1	Gurke
1	grüne Paprikaschote
1	rote Paprikaschote
6	feste Tomaten
125 g	schwarze Oliven
2	frische weiße Zwiebeln
1	Knoblauchzehe
1 kleine Dose	Sardellen in Öl
2 kleine Dosen	Thunfisch in Öl

SAUCE:

4 EL	Olivenöl
1 EL	Essig
1 TL	Senf
•	Salz, Pfeffer

Den Reis 35–40 Minuten in Salzwasser kochen, danach abspülen und abtropfen lassen.

Gurke schälen, Tomaten und Paprikaschoten abziehen. Alles in kleine Würfel schneiden und mit gehackten Zwiebeln und zerpflücktem Thunfisch vermengen.

Salatsauce anrühren und über die Salatzutaten gießen. Den Reis untermischen, 30 Minuten im Kühlschrank ziehen lassen.

Kühl servieren.

Salat mit Gänseleber

Für 6 Personen

Zubereitungszeit: 40 Minuten
Kochzeit: 30 Minuten

Zutaten:

500 g	frische grüne Bohnen
500 g	grüne Spargel
2	rohe Artischockenböden
1 Kopf	krauser Endiviensalat/Friséesalat
6 Scheiben	Gänseleber (je 70 g)

Salatsauce:

6 EL	Sonnenblumenöl
2 EL	Balsamessig
•	Salz, Pfeffer

Artischockenböden mit Zitronensaft einreiben, kochen und in Stücke schneiden.

Grüne Bohnen in Salzwasser bissfest kochen, abtropfen lassen. Spargel schälen und ebenfalls bissfest kochen, abtropfen lassen. Das erkaltete Gemüse mischen. Den Salat waschen und trockenschleudern.

Salatsauce aus 6 EL Sonnenblumenöl, 2 EL Balsamessig, Salz und Pfeffer anrühren und das Gemüse damit anmachen.

Gemüsesalat auf mit 2–3 schönen Salatblättern belegten Tellern anrichten und mit einer Gänseleberscheibe garnieren.

Sofort servieren.

Tipp:

Man kann auch Artischockenböden aus der Dose verwenden, die nicht mehr gekocht werden müssen.

Salat mit Jakobsmuscheln

Für 4 Personen

Zubereitungszeit: 30 Minuten

Zutaten:

1 Kopf	krauser Endiviensalat/Friséesalat
1	Bataviasalat
50 g	Pistazien
4	gekochte Artischockenböden
350 g	gekochte und ausgelöste Jakobsmuscheln
200 g	Esskastanien

Salatsauce:

- Olivenöl und Essig
- Estragon, Schnittlauch
- Salz, Pfeffer

Salate waschen und trockenschleudern. Pistazien hacken und zur Salatsauce geben. Artischockenböden in Scheiben schneiden und durch die Salatsauce ziehen.

Muschelfleisch in Scheiben schneiden, mit Salz, Pfeffer und Salatsauce würzen und 15 Minuten ziehen lassen.

Den Salat mit der Salatsauce und den in kleine Stücke geschnittenen Esskastanien vermengen. Muschelfleisch darauf anrichten und mit Artischockenscheiben, Estragon und gehacktem Schnittlauch garnieren.

TABOULÉ (V)

FÜR 6 PERSONEN

Zubereitungszeit: 2 1/2 Stunden

ZUTATEN:

- 200 g Vollkorngrieß
- 500 g Tomaten
- 1/2 Gurke
- 12 Perlzwiebeln
- 2 Zitronen
- 2 EL gehackte Petersilie
- 1 EL gehackte frische Minze
- Minzeblätter
- 6 EL Olivenöl
- Salz, Pfeffer

Gurke schälen und in kleine Würfel schneiden. Tomaten abziehen und ebenfalls in kleine Würfel schneiden.

Gurken- und Tomatenwürfel mit Grieß, Petersilie, Minze, Zitronensaft und Olivenöl vermengen. Mit Salz und Pfeffer würzen, danach mindestens 6 Stunden im Kühlschrank quellen lassen, dabei ab und zu umrühren.

Mit Perlzwiebeln und Minzeblättern garnieren. Kühl servieren.

Tropischer Salat (V)

FÜR 6 PERSONEN

Zubereitungszeit: 15 Minuten

ZUTATEN:

5	Tomaten
1 Dose	Palmherzen
3	Avocados
100 g	schwarze Oliven

SALATSAUCE:

1 EL	Senf
100 ml	Olivenöl
•	Balsamessig
1	Zitrone
•	Salz, Pfeffer

Tomaten waschen und vierteln. Palmherzen in nicht allzu dünne Scheiben schneiden.

Avocados schälen und in Stücke schneiden. Avocadostücke mit Zitronensaft beträufeln, damit sie sich nicht verfärben.

Salatsauce anrühren und die Salatzutaten damit anmachen.

Mit schwarzen Oliven garnieren, kühl servieren.

Hauptgerichte

Bandnudeln mit Spinatsauce (V)

FÜR 6 PERSONEN

Zubereitungszeit: 10 Minuten
Garzeit: 20 Minuten

ZUTATEN:

750 g	Vollkornbandnudeln
500 g	Spinat
50 g	geriebener Parmesan
2 EL	Olivenöl
200 ml	teilentrahmte Milch
200 g	fettarme Crème fraîche
1	Eigelb
1 Prise	Muskatnuss
•	Salz, Pfeffer

Den Spinat einige Minuten in kochendem Salzwasser blanchieren, die Blätter hacken und bei schwacher Hitze mit Olivenöl, Crème fraîche, Parmesan, Milch, Salz, Pfeffer und Muskat vermengen.

Bandnudeln in kochendes gesalzenes Wasser geben und 12 Minuten kochen (3 Minuten bei selbst gemachten Bandnudeln). Abtropfen lassen.

Verquirltes Eigelb unter die von der Kochstelle genommene Spinatsauce rühren. Vor dem Servieren die heißen Bandnudeln mit der Sauce übergießen.

Cassoulet

FÜR 6 BIS 8 PERSONEN

Zubereitungszeit: 20 Minuten
Einweichzeit: 12 Stunden
Garzeit: 2 1/2–3 Stunden

ZUTATEN:

500 g	weiße Bohnen (außer Dicke Bohnen)
6–8 Stücke	eingemachtes Gänsefleisch
1 Dose	eingemachte Muskelmagen
1 Dose	gefüllte Gänsehälse
2	Zwiebeln
2 oder 3	Tomaten
3	Knoblauchzehen
2	Bouquets garnis (Kräutersträußchen)
•	Salz, Pfeffer

Bohnen 12 Stunden in Wasser einweichen, abtropfen lassen. Danach mit kaltem ungesalzenen Wasser aufsetzen und 1 Stunde kochen. Nach der Hälfte der Kochzeit Salz und das Bouquet garni zufügen. Die Kochflüssigkeit zurückbehalten.

Gänsefleisch zerkleinern und zum Entfetten bei 70 °C (Stufe 2) für 2–3 Minuten in den Backofen schieben. 2 EL des abtropfenden Gänsefetts in einen Schmortopf geben und gehackte Zwiebeln bei mittlerer Hitze darin andünsten. Dann überbrühte, abgezogene, entkernte und in Stücke geschnittene Tomaten, zerdrückten Knoblauch und das Bouquet garni zufügen.

Muskelmagen von Fett befreien, in Streifen schneiden und in einer Pfanne im eigenen Fett (1 EL) kurz anbraten. Mit den gefüllten Gänsehälsen genauso verfahren.

Bohnen abtropfen lassen und zur Tomatenmischung geben. Etwas Kochflüssigkeit angießen, zum Kochen bringen.

Abschmecken, dann Gänsefleisch, Muskelmagen und Gänsehälse zufügen. Das Ganze bei schwächster Hitze nochmals 40–50 Minuten kochen lassen. Vor dem Servieren einige Minuten unter den Grill schieben.

Champignons mit Austern

Für 6 Personen

Zubereitungszeit: 15 Minuten
Garzeit: 20 Minuten

Zutaten:

- 36 frische Champignons
- 36 Austern (Marennes- oder Oléron-Austern)
- 500 g Schlagsahne
- 2 Eigelb
- 1/2 Glas Armagnac
- Olivenöl

Champignons von den erdigen Stielansätzen befreien, waschen und mit einem Küchentuch trockentupfen. Die Stiele aus den Hüten drehen.

Austern öffnen und das Fleisch aus den Schalen lösen. Austernflüssigkeit sieben und beiseite stellen. Champignonstiele im Mixer pürieren und etwas Austernflüssigkeit zufügen, so dass ein feines Püree entsteht.

Champignonhüte in einer Pfanne bei schwacher Hitze in etwas Olivenöl 15 Minuten dünsten.

Die garen Champignonhüte aus der Pfanne nehmen und warm halten.

Armagnac, Austern und die Hälfte der Austernflüssigkeit in die entfettete Pfanne geben. Das Ganze 1/2 Minute kochen, danach die Austern herausnehmen und warm halten.

Champignonpüree in die Pfanne geben und einkochen lassen, bis eine dicke Sauce entstanden ist.

Schlagsahne und Eigelb miteinander vermengen, Champignonsauce zufügen.

Champignons mit den Austern servieren und mit der Sauce überziehen.

Chili con carne

Für 6 Personen

Zubereitungszeit: 30 Minuten
Einweichzeit: 12 Stunden
Garzeit: 3 Stunden

Zutaten:

1 kg	Hackfleisch
300 g	rote Bohnen
	3 Zwiebeln
1	grüne Paprikaschote
2	Knoblauchzehen
1 Dose	Tomaten (1 kg)
100 ml	Olivenöl
2	Chilischoten
1 TL	gemahlener Kümmel
1/2 l	Geflügelbrühe
1 TL	Paprika
•	Salz

Bohnen 12 Stunden in kaltem Wasser einweichen, abtropfen lassen und im Einweichwasser bei mittlerer Hitze 90 Minuten kochen. Nach der Hälfte der Kochzeit Salz zufügen und die Oberfläche abschäumen. Die garen Bohnen abtropfen lassen und beiseite stellen.

Hackfleisch in einem Schmortopf bei starker Hitze in 3 EL Olivenöl anbraten. Mit Salz und Paprika würzen. Dann 10 Minuten lang bei schwacher Hitze fertig braten, aus dem Topf nehmen und beiseite stellen.

Paprikaschote waschen und in Würfel schneiden. Paprikawürfel im Schmortopf bei schwacher Hitze in 2 EL Olivenöl andünsten. In Scheiben geschnittene Zwiebeln und zerdrückten Knoblauch zufügen und glasig dünsten. Danach Chilischoten und Kümmel hineingeben.

Das Fleisch wieder in den Schmortopf geben, Geflügelbrühe angießen, Tomaten zufügen. Das Ganze gut umrühren und zugedeckt bei schwacher Hitze 40 Minuten kochen. Nach Ende der Kochzeit Bohnen hineingeben. Im geschlossenen Topf nochmals 30 Minuten sachte kochen lassen.

Während der Kochzeit bei Bedarf Geflügelbrühe angießen.

Heiß servieren.

Couscous

FÜR 8 PERSONEN

Zubereitungszeit: 1 Stunde und 20 Minuten
Garzeit: 1 Stunde und 10 Minuten

ZUTATEN:

1 kg	Vollkorngrieß
1 kg	Hammelfleisch (Hals-, Brust- oder Schulterstück)
1	Hähnchen (1,2 kg) (in Stücke geschnitten)
4	weiße Rüben
4	Zucchini
1 Stück	Kürbis
250 g	gekochte Kichererbsen
500 g	Zwiebeln
1	Paprikaschote
200 g	Rosinen
2	Tomaten
1 EL	gemahlener marokkanischer Kümmel
1 Prise	Zimt
1 EL	Harissa
1 EL	Olivenöl
•	Salz

Den Grieß in einem Sieb mit kaltem Wasser abspülen, salzen und 30 Minuten unter regelmäßigem Rühren quellen lassen. Dann auf eine Platte streichen, damit sich keine Klumpen bilden.

In einem Couscoustopf Wasser zum Kochen bringen. Sobald sich Dampf bildet, den Grieß in den Dämpfeinsatz legen und 15 Minuten dämpfen.

Danach aus dem Topf nehmen, mit einem Glas Wasser begießen und in einer Schüssel nochmals etwa 15 Minuten quellen lassen. Den abgekühlten Grieß wieder in den Couscoustopf geben und weitere 15 Minuten gar dämpfen. Den garen Grieß mit etwas Olivenöl vermengen.

Fortsetzung ☛

Das Wasser aus dem Couscoustopf abgießen. Hammelfleisch in einer Pfanne in heißem Olivenöl anbraten, herausnehmen und beiseite stellen. Mit den Hähnchenstücken genauso verfahren.

In Scheiben geschnittene Zwiebeln und geviertelte Tomaten in der gleichen Pfanne andünsten, dann das Hammelfleisch wieder hineingeben. Mit Kümmel, Zimt, Harissa und Salz würzen.

Hammelfleisch, Zwiebeln und Tomaten in den Couscoustopf geben, 1,5 l kochendes Wasser angießen. Das Ganze 30 Minuten sachte kochen lassen. Dann die Hähnchenstücke und das gewaschene und in Stücke geschnittene Gemüse zufügen (zuerst die Zucchinistücke, 15 Minuten später die Paprika- und Kürbisstücke). Weitere 40 Minuten kochen lassen.

15 Minuten vor Ende der Kochzeit Kichererbsen zufügen. Rosinen einige Stunden in warmem Wasser quellen lassen. Den Grieß und die abgetropften Rosinen gesondert servieren.

TIPP:

Der Grieß wird aromatischer, wenn er im Fleisch- und Gemüsedampf gedämpft wird.

GÄNSELEBER MIT JAKOBSMUSCHELN

FÜR 6 PERSONEN

Zubereitungszeit: 1 Stunde
Garzeit: 35 Minuten

ZUTATEN:

- 1 frische Gänseleber (800 g)
- 8 Jakobsmuscheln
- 1/2 Glas Portwein
- Salz, Paprika edelsüß

Muscheln putzen und bei starker Hitze in einigen Sekunden zum Öffnen bringen. Muschelfleisch vom Rogen trennen und in dünne Scheiben schneiden. Mit Salz und Paprika würzen. Rogen, Portwein und Paprika im Mixer pürieren.

Gänseleber 6 Stunden in Eiswasser legen, Sehnen entfernen und mit Salz und Pfeffer würzen.

Eine Terrine mit einigen Muschelscheiben auslegen, Gänseleber darauflegen und festdrücken. Rogenpüree darüber geben und die restlichen Muschelscheiben darauf verteilen.

Das Ganze mit einem Stück Aluminiumfolie abdecken und im vorgeheizten Backofen bei 100–120 °C (Stufe 3–4) 35 Minuten im Wasserbad garen.

Warm servieren.

TIPP:
Dieses Gericht kann auch mit Entenleber zubereitet werden.

Gebratene Färsenleber

Für 4 Personen

Zubereitungszeit: 20 Minuten
Bratzeit: 10 Minuten

Zutaten:

8 Scheiben	Färsenleber (je 80 g)
400 g	Zwiebeln
200 g	magerer Speck (in dünne Scheiben geschnitten)
1 Prise	Thymian
•	Salz, Pfeffer

Zwiebeln schälen und fein hacken. Speckscheiben in einer Pfanne knusprig braten, danach herausnehmen und warm halten. Zwiebelscheiben in der gleichen Pfanne bei schwacher Hitze andünsten.

Leberscheiben zufügen und auf jeder Seite 2–3 Minuten braten. Mit Salz, Pfeffer und Thymian würzen und auf mit Zwiebelscheiben belegten Tellern anrichten.

Vor dem Servieren die Speckscheiben darauf legen.

GRIESS-KÄSE-SOUFFLÉ (V)

FÜR 4 PERSONEN

Zubereitungszeit: 20 Minuten
Garzeit: 1 Stunde und 10 Minuten

ZUTATEN:

- 1 l Milch
- 6 EL Vollkorngrieß
- 250 g geriebener Käse (Greyerzer)
- 2 EL Olivenöl
- 4 Eier
- 2 EL Petersilie
- Salz, Pfeffer
- Muskatnuss

Milch aufkochen und den Grieß unter Rühren hineinrieseln lassen. Weiterrühren, bis die Masse anfängt zu binden.

Geriebenen Käse zufügen, mit Salz, Pfeffer und Muskat würzen. Weitere 5 Minuten kochen lassen.

Etwas abkühlen lassen, dann unter kräftigem Rühren nach und nach das verquirlte Eigelb zufügen.

Eiweiß steif schlagen und unterheben, gehackte Petersilie hineingeben.

Die Masse in eine eingeölte Souffléform füllen und im vorgeheizten Backofen bei 150 °C (Stufe 4–5) 1 Stunde backen.

Sofort servieren.

Kalbsfrikassee mit Naturreis

FÜR 6 PERSONEN

Zubereitungszeit: 20 Minuten
Kochzeit: 2 1/2 Stunden

ZUTATEN:

1,2 kg	Kalbfleisch (Schulter-, Brust- oder Seitenstück) (in Stücke geschnitten)
400 g	Naturreis
1	Zwiebel gespickt mit 1 Gewürznelke und 1 Lorbeerblatt
1	Bouquet garni (Kräutersträußchen)
100 g	Champignonpüree (s. S. 151)
40 ml	trockener Weißwein
2	Eigelb
200 g	fettarme Crème fraîche
1 EL	Zitronensaft
•	Cayennepfeffer oder Muskatnuss
•	Salz, weißer Pfeffer

Kalbfleisch mit gespickter Zwiebel, dem Bouquet garni, Salz und Pfeffer in 3/4 l kochendem Wasser blanchieren. Die Oberfläche abschäumen, danach 2 Stunden kochen lassen.

Fleisch abtropfen lassen, das Bouquet garni entfernen. Kochflüssigkeit durch ein Sieb passieren, Champignonpüree hineinrühren, zum Kochen bringen.

Fleisch und entstandene Champignonsauce in einen Schmortopf geben, Weißwein angießen. Nochmals 15 Minuten sachte kochen lassen.

Naturreis 35–40 Minuten in kochendem Salzwasser garen, abtropfen lassen.

Eigelb mit Crème fraîche verrühren und die Mischung nach und nach in den Schmortopf geben. Gut umrühren und mit Zitronensaft und Cayennepfeffer (oder Muskatnuss) würzen.

Mit Naturreis servieren.

Linsen mit Speck

FÜR 6–8 PERSONEN

Zubereitungszeit: 20 Minuten
Einweichzeit: 12 Stunden
Kochzeit: 2 1/2 - 3 Stunden

ZUTATEN:

- 600 g grüne Linsen
- 1,5 kg durchwachsener Speck (Nacken und Bauch)
- 4–6 Würstchen
- 1 Bouquet garni (Kräutersträußchen)
- 2 Zwiebeln
- Olivenöl
- Salz, Pfeffer

Linsen verlesen, waschen und 12 Stunden in Wasser einweichen.

Speck mit kaltem Wasser abspülen, in kaltes ungesalzenes Wasser geben und blanchieren. Danach bei schwacher Hitze 2 Stunden kochen. Würstchen einstechen und zum Speck geben. Weitere 10 Minuten kochen.

Linsen mit Zwiebeln und dem Bouquet garni in kaltes gesalzenes Wasser geben. Das Ganze langsam zum Kochen bringen und die Linsen bei nicht allzu großer Hitze (damit sie nicht platzen) 30–40 Minuten gar kochen. Abtropfen lassen.

Den in Scheiben geschnittenen Speck und die abgetropften Linsen in einen Schmortopf geben und etwas Kochflüssigkeit vom Speck angießen.

Einen Schuss Olivenöl und Pfeffer zufügen. Im geschlossenen Topf nochmals 20 Minuten bei schwacher Hitze kochen lassen.

Heiß servieren.

Linsen mit Tomaten und Chorizo

FÜR 4–6 PERSONEN

Zubereitungszeit: 30 Minuten
Garzeit: 1 3/4 Stunden

ZUTATEN:

500 g	grüne Linsen
2	Zwiebeln
1	Knoblauchzehe
2 EL	Olivenöl
250 g	Chorizo (spanische Knoblauchwurst)
1 Prise	Chilipulver
500 g	Tomaten
•	gehackte Petersilie
•	Salz, grobes Salz

Linsen 12 Stunden in kaltem Wasser einweichen. Danach mit kaltem ungesalzenem Wasser aufsetzen und bei schwacher Hitze 15 Minuten kochen. 1 TL grobes Salz zufügen und weitere 30 Minuten kochen.

In Scheiben geschnittene Zwiebeln und zerdrückten Knoblauch in einem Schmortopf andünsten. Chilipulver, abgezogene und geviertelte Tomaten und gehackte Petersilie zufügen.

Salzen, gut umrühren und die in dünne Scheiben geschnittene Knoblauchwurst hineingeben. Abgetropfte Linsen ebenfalls zufügen. Das Ganze 15 Minuten sachte kochen lassen.

Sehr heiß servieren.

Abb. rechts: Putenkeule mit Linsenpüree → Rezept Seite 242

PAELLA MIT NATURREIS

(Foto links)

FÜR 6 PERSONEN

Zubereitungszeit: 1 Stunde
Kochzeit: 1 Stunde

ZUTATEN:

1	großes Hähnchen (1,2 kg) (in Stücke geschnitten und von Fett und Haut befreit)
500 g	Tintenfische
500 g	Scampi
ein Dutzend	große Miesmuscheln
350 g	Naturreis (Langkorn)
250 g	Erbsen
750 g	abgezogene Tomaten aus der Dose
3	Zwiebeln
4–5 EL	Olivenöl
1 Prise	Safran
•	Salz, Pfeffer

Reis 3 Stunden in kaltem Wasser einweichen, abtropfen lassen und 15 Minuten halbgar kochen. Hähnchenstücke in einer großen Pfanne oder Paellapfanne in Olivenöl goldbraun anbraten, herausnehmen und beiseite stellen.

Gehackte Zwiebeln in der gleichen Pfanne andünsten, dann die in Stücke geschnittenen und abgetropften Tomaten zufügen. Hähnchenstücke wieder in die Pfanne geben, mit Salz und Pfeffer würzen. Das Ganze gut umrühren und 30 Minuten sachte kochen lassen (bei Bedarf etwas kochendes Wasser angießen).

Dann geputzte und in Scheiben geschnittene Tintenfische, Erbsen und Scampi zufügen. Den halbgaren Reis in die mit mindestens 75 cl Flüssigkeit gefüllte Pfanne rieseln lassen.

Das Ganze unter ständigem Rühren 10 Minuten kochen. Safran zufügen und unter Rühren weitere 25 Minuten kochen.

Muscheln waschen, gründlich abbürsten und 5 Minuten vor Ende der Kochzeit zum Öffnen in die Pfanne geben.

Abb. links: Paella mit Naturreis → Rezept siehe oben

Putenkeule mit Linsenpüree

(Foto nach Seite 240)

Für 6 Personen

Zubereitungszeit: 15 Minuten
Einweichzeit: 12 Stunden
Kochzeit: 1 1/2 Stunden

Zutaten:

1	Putenkeule (1,2 kg) (in Stücke geschnitten)
200 g	geräucherter Speck
1	Zwiebel gespickt mit 1 Gewürznelke
2	Schalotten
1	Knoblauchzehe
25 g	fettarme Crème fraîche
500 g	grüne Linsen
1	Bouquet garni (Thymian, Rosmarin, Lorbeerblatt)
1 EL	Olivenöl
•	Salz, Pfeffer

Linsen 12 Stunden in kaltem Wasser einweichen. Den Speck in kleine Würfel schneiden und mit den in Scheiben geschnittenen Schalotten in einem Schmortopf in 1 EL Olivenöl goldbraun rösten.

Danach aus dem Topf nehmen und die Putenstücke darin goldbraun anbraten. Speckwürfel und Schalotten wieder hineingeben, zerdrückten Knoblauch, das Bouquet garni, Salz und Pfeffer zufügen und 3/4 l Wasser angießen. Das Ganze 1 Stunde 15 Minuten sachte kochen lassen.

In der Zwischenzeit Linsen abtropfen lassen und mit gespickter Zwiebel, Pfeffer und einigen Lorbeerblättern in kaltes gesalzenes Wasser geben. Das Ganze bei schwacher Hitze 45 Minuten kochen.

Danach Linsen abtropfen lassen und mit etwas Kochflüssigkeit im Mixer pürieren. Linsenpüree unter Zugabe von Crème fraîche durch ein Sieb passieren, als Beilage zu den Putenstücken reichen.

Spaghetti Carbonara

Für 4 Personen

Zubereitungszeit: 5 Minuten
Garzeit: 10–15 Minuten

Zutaten:

- 500 g Vollkornspaghetti
- 8 Scheiben magerer Speck
- 100 g Sahne
- 3 EL Olivenöl
- 4 Eier
- 80 g geriebener Parmesan
- Salz, Pfeffer

Spaghetti mit 1 EL Olivenöl in kochendes Salzwasser geben und 12 Minuten kochen (3 Minuten bei selbst gemachten Spaghetti). Abtropfen lassen und warm stellen.

Den Speck in Würfel schneiden und in einer Pfanne einige Minuten kräftig anbraten. Die Hälfte des Bratfetts entfernen, Sahne hineingeben und einige Minuten einkochen lassen.

Von der Kochstelle nehmen, verquirlte Eier und geriebenen Parmesan zufügen. Mit Salz und Pfeffer würzen, warm stellen.
Spaghetti mit der Sauce überziehen, sofort servieren.

Tipp:
Dieses Gericht lässt sich auch mit Basilikumsauce oder Champignonpüree zubereiten.

Wachteleier mit Jakobsmuscheln

FÜR 4 PERSONEN

Zubereitungszeit: 10 Minuten
Backzeit: 5 Minuten

ZUTATEN:

- 8 Wachteleier
- 4 rohe ausgelöste Jakobsmuscheln
- 120 g fettarme Sahne
- 4 EL Weißwein
- Schnittlauch
- Petersilie
- Salz, Pfeffer
- 4 Jakobsmuschelschalen

Muschelfleisch in drei Teile schneiden und mit 1 EL Weißwein wieder in die Muschelschalen legen.

Mit Salz und Pfeffer würzen.

Auf jede Muschelschale 2 Wachteleier gleiten lassen und mit Sahne bedecken.

Das Ganze bei 220 °C (Stufe 7) für 5 Minuten in den Backofen schieben.

Vor dem Servieren mit gehacktem Schnittlauch und gehackter Petersilie garnieren.

Weisse Bohnen mit Champignons (V)

Für 4 Personen

Zubereitungszeit: 5 Minuten
Garzeit: 10 Minuten

Zutaten:

1 Dose	weiße Bohnen (1 kg)
1 kleine Dose	Champignons
100 g	fettarme Crème fraîche
•	Salz, Pfeffer
•	Petersilie

Bohnen und Champignons abtropfen lassen und 2–3 Minuten erhitzen.

Crème fraîche unterrühren, mit Salz, Pfeffer und gehackter Petersilie würzen.

Sofort servieren.

Nachspeisen

Apfel-Zitronen-Auflauf (V)
(sehr leichte Ausnahme)

Für 4 Personen

Zubereitungszeit: 15 Minuten
Garzeit: 30 Minuten

Zutaten:

4	Eigelb
1	Ei
3 EL	Fruktose
2	geschälte Golden Delicious (400 g)
1 1/2	Zitronen

Eigelb mit Ei und Fruktose verquirlen, Zitronenschale und gesiebten Zitronensaft zufügen.

Äpfel fein raspeln und untermischen. Die Mischung in vier gebutterte Auflaufförmchen füllen und im vorgeheizten Backofen bei 190 °C (Stufe 5–6) 30 Minuten im Wasserbad garen.

Aus den Förmchen nehmen, warm oder kalt servieren.

Eiermilchcreme (V)
(sehr leichte Ausnahme)

Für 5 Personen

Zubereitungszeit: 10 Minuten
Garzeit: 30 Minuten
Kühlzeit: 3 Stunden

Zutaten:

1/2 l teilentrahmte Milch
5 Eigelb
2 EL Fruktose
1 Vanilleschote

Milch mit Vanilleschote erhitzen, leicht abkühlen lassen, Vanilleschote herausnehmen.

Eigelb schaumig schlagen, warme Milch und Fruktose zufügen.

Die Mischung in Auflaufförmchen füllen und im vorgeheizten Backofen bei 180 °C (Stufe 5) etwa 30 Minuten lang garen.

In den Förmchen kalt servieren.

Eischneeklösschen (V)
(sehr leichte Ausnahme)

Für 6 bis 8 Personen

Zubereitungszeit: 30 Minuten
Garzeit: 30 Minuten

Zutaten:

1 Vanilleschote
8 Eier
1 l teilentrahmte Milch
3 EL Fruktose
1 Prise Salz

Eier trennen, Eiweiß mit Salz steif schlagen.

Milch mit Vanilleschote und mit 125 ml Wasser aufkochen.

Von der Eischneemasse mit einem Esslöffel Klößchen abstechen und in der schwach kochenden Milch auf jeder Seite 1 Minute kochen. Auf einem Küchentuch abtropfen lassen.

Eigelb verquirlen, lauwarme Milch (leicht verdünnen, damit es 1 Liter ergibt) unter kräftigem Rühren zufügen.

Die Mischung erhitzen, bis eine gebundene Creme entstanden ist, Fruktose zufügen.

Abkühlen lassen, vor dem Servieren die Eischneeklößchen darauf anrichten.

Himbeercreme (V)
(sehr leichte Ausnahme)

FÜR 4 PERSONEN

Zubereitungszeit: 15 Minuten
Kühlzeit: 12 Stunden

ZUTATEN:

500 g	Himbeeren
1/2 l	Milch
4	Eigelb
3 EL	Fruktose
6 Blätter	Gelatine

Milch zum Kochen bringen. Eigelb und Fruktose in einer Schüssel verquirlen. Unter kräftigem Rühren nach und nach heiße Milch zufügen.

Die Mischung unter ständigem Rühren erhitzen, bis eine gebundene Creme entstanden ist. Die in kaltem Wasser eingeweichten und ausgedrückten Gelatineblätter zufügen und in der Creme auflösen.

200 g Himbeeren im Mixer pürieren und mit 50 g ganzen Himbeeren unter die Creme rühren.

Die Himbeercreme in Auflaufförmchen oder eine Auflaufform füllen und 12 Stunden in den Kühlschrank stellen. Die restlichen Früchte zu einem Püree verarbeiten.

Himbeercreme aus der Form nehmen und mit Himbeerpüree servieren.

Quarkauflauf mit Rosinen
(sehr leichte Ausnahme)

Für 6 Personen

Zubereitungszeit: 18 Minuten
Backzeit: 25 Minuten

Zutaten:

100 g	Rosinen
250 g	Quark mit 40 % Fettgehalt
3	Eier
4 Blätter	Gelatine
125 ml	Milch
2 EL	Fruktose
70 ml	Rum

Rosinen über Nacht in Rum einlegen, bei Bedarf etwas Wasser angießen, damit sie vollkommen mit Flüssigkeit bedeckt sind.

Eigelb verquirlen, Magerquark und Fruktose zufügen. Eiweiß steif schlagen und unterheben.

Milch erhitzen und die in kaltem Wasser eingeweichten und ausgedrückten Gelatineblätter darin auflösen. Mit den gründlich abgetropften Rosinen vorsichtig unter die Quarkmasse rühren.

Quarkcreme in eine Auflaufform füllen und im vorgeheizten Backofen bei 200 °C (Stufe 7) 25 – 30 Minuten backen.

Warm oder kalt servieren.

Quarkcreme mit roten Beeren (V)
(sehr leichte Ausnahme)

Für 4 bis 5 Personen
Zubereitungszeit: 15 Minuten

Zutaten:

250 g	Quark mit 20 % Fettgehalt
3	Eiweiß
3 EL	Fruktose
100 g	Himbeeren
100 g	kleine Erdbeeren

Eiweiß mit 1 EL Fruktose steif schlagen.

Quark mit restlicher Fruktose verrühren und den Eischnee vorsichtig unterheben, so dass eine lockere Creme entsteht.

Beeren waschen, in Stücke schneiden und untermischen.

Die Creme in eine Schüssel füllen und einige Stunden kühl stellen.

Mangocreme mit Kiwipüree
(sehr leichte Ausnahme)

FÜR 6 PERSONEN

Zubereitungszeit: 15 Minuten
Kühlzeit: 12 Stunden

ZUTATEN:

5 Eigelb
300 ml Vollmilch
300 g geschälte Mango
6 Blätter Gelatine
3 EL Fruktose

KIWIPÜREE:

4 Kiwis
• Saft einer Zitrone
2 EL Fruktose

Milch erhitzen, Eigelb und Fruktose in einer Schüssel verquirlen. Unter Rühren nach und nach heiße Milch zufügen. Die Mischung unter Rühren erhitzen, bis eine gebundene Creme entstanden ist.

Die in kaltem Wasser eingeweichten und ausgedrückten Gelatineblätter zufügen und in der Creme auflösen.

Mango im Mixer pürieren und unter die Creme rühren.

Mangocreme in eine Auflaufform füllen und 12 Stunden in den Kühlschrank stellen.

Kiwis mit Zitronensaft und Fruktose im Mixer pürieren.

Mangocreme aus der Form nehmen und mit Kiwipüree servieren.

Rhabarbercreme mit Himbeerpüree
(sehr leichte Ausnahme)

FÜR 6 PERSONEN

Zubereitungszeit: 30 Minuten
Kochzeit: 25 Minuten
Kühlzeit: 3 Stunden

ZUTATEN:

1 kg	Rhabarber
•	Saft einer Zitrone
6 Blätter	Gelatine
100 ml	lieblicher Weißwein
5 EL	Fruktose
400 g	Himbeeren
3 EL	fettarme Sahne

Rhabarber waschen, schälen und in kleine Würfel schneiden. Rhabarberwürfel 25 Minuten in Zitronenwasser kochen.

Abtropfen lassen, Kochflüssigkeit beiseite stellen. Rhabarberwürfel zu einem feinen Püree verarbeiten und die in kaltem Wasser eingeweichten und ausgedrückten Gelatineblätter darin auflösen.

1/2 l Kochflüssigkeit angießen, Weißwein, Sahne und Fruktose zufügen. Das Ganze gut umrühren, in eine Kastenform füllen und 3 Stunden in den Kühlschrank stellen.

Himbeeren im Mixer pürieren und durch ein Sieb passieren. Rhabarbercreme in Scheiben geschnitten und mit Himbeerpüree überzogen servieren.

Vanillecreme mit Schokoladensauce
(sehr leichte Ausnahme)

FÜR 6 PERSONEN

Zubereitungszeit: 15 Minuten
Kühlzeit: 12 Stunden

ZUTATEN:

3/4 l	Vollmilch
10	Eigelb
5 EL	Fruktose
1	Vanilleschote
5 Blätter	Gelatine
2 TL	löslicher Kaffee
1 EL	Rum
150 g	Bitterschokolade mit mindestens 70 % Kakaoanteil

Milch mit gespaltener Vanilleschote aufkochen und die Schote 10 Minuten darin ziehen lassen.

Den Kaffee in etwas heißer Milch auflösen und die Mischung mit dem Rum in die Milch geben.

Eigelb und Fruktose verquirlen, unter ständigem Rühren Milch zufügen. Erhitzen, bis eine gebundene Creme entstanden ist.

Die in kaltem Wasser eingeweichten und ausgedrückten Gelatineblätter zufügen und in der Creme auflösen. Die Creme in eine Auflaufform füllen und 12 Stunden in den Kühlschrank stellen.

Vor dem Servieren Schokolade mit etwas Wasser im Wasserbad schmelzen. Vanillecreme aus der Form nehmen und mit der warmen Schokoladensauce überziehen.

Aprikosencreme
(leichte Ausnahme)

Für 4 Personen

Zubereitungszeit: 15 Minuten
Kühlzeit: 3 Stunden

Zutaten:

500 g	Aprikosen
1	Zitrone
2 EL	Fruktose
4 Blätter	Gelatine
150 g	Quark mit 20 % Fettgehalt
100 g	fettarme Sahne

Aprikosen 1 Minute in kochendem Wasser blanchieren. Abtropfen lassen, schälen und halbieren, um die Steine zu entfernen.

Aprikosenhälften mit Zitronensaft und Fruktose im Mixer pürieren. Gelatine einweichen, ausdrücken, in 2 EL Wasser im Wasserbad auflösen und sofort zum Aprikosenpüree geben.

Den Quark glatt rühren und unter die Aprikosencreme mischen.

Die Creme in Auflaufförmchen füllen und 3 Stunden in den Kühlschrank stellen.

Gut gekühlt servieren.

Crème Brûlée (V)
(leichte Ausnahme)

Für 4 bis 5 Personen

Zubereitungszeit: 20 Minuten
Backzeit: 1 1/2 Stunden
Kühlzeit: 3 Stunden

Zutaten:

- 4 Eigelb
- 50 g Fruktose
- natürliche Vanille
- 1/8 l Vollmilch
- 300 g Sahne

Eigelb mit Fruktose schaumig rühren.

Milch mit Vanille aufkochen, von der Kochstelle nehmen, einige Minuten abkühlen lassen.

Abgekühlte Milch zur Eigelbmasse geben, Sahne vorsichtig unterheben.

Die Creme in vier Auflaufförmchen füllen und bei 90 °C (Stufe 3) für 1-1 1/2 Stunden in den Backofen schieben. Abkühlen und im Kühlschrank vollends erkalten lassen.

Vor dem Servieren mit Fruktose bestreuen und kurz unter den Grill schieben, damit die Oberfläche karamellisiert wird.

Sofort servieren.

Tipp:

Nach Belieben rote Beeren in die Creme geben.

Crêpes (V)
(leichte Ausnahme)

FÜR 15 CRÊPES

Zubereitungszeit: 10 Minuten
Backzeit: 3 Minuten pro Crêpe

ZUTATEN:

250 g	Vollkornmehl
1/2 l	teilentrahmte Milch
2	Eier
1 TL	Sonnenblumenöl
1 Prise	Salz
•	(Orangenaroma für süße Crêpes)

Mehl in eine Schüssel geben, eine Vertiefung eindrücken und die Eier hineingeben.

Salz zufügen, unter Rühren nach und nach Milch zugießen. Dann Sonnenblumenöl (und eventuell Orangenaroma) hineinrühren. Den Teig 2 Stunden im Kühlschrank ruhen lassen.

Vor dem Backen etwas Wasser oder Milch zufügen, so dass ein ziemlich dünnflüssiger Teig entsteht.

Crêpes in einer antihaftbeschichteten Pfanne backen.

TIPP:

Mit diesem Teig lassen sich sämtliche Crêpes-Variationen (süß oder salzig) herstellen.

Bei süßen Crêpes ausschließlich Fruktose verwenden.

Eier-Schokoladen-Creme (V)
(leichte Ausnahme)

Für 4 bis 5 Personen

Zubereitungszeit: 10 Minuten
Kochzeit: 20 Minuten

Zutaten:

1 l	teilentrahmte Milch
6	Eier
100 g	Vollkornmehl
150 g	Bitterschokolade mit mindestens 70 % Kakaoanteil
40 g	Fruktose

Milch aufkochen. Eier verquirlen, nach und nach gesiebtes Mehl zufügen.

Unter kräftigem Rühren die leicht abgekühlte Milch zugießen. Die Mischung unter ständigem Rühren erhitzen, bis eine gebundene Creme entstanden ist. 3 Minuten kochen lassen.

Schokolade im Wasserbad schmelzen und unter die Creme rühren. Zuletzt Fruktose zufügen. Warm oder kalt servieren (dabei ab und zu umrühren).

Grand-Marnier-Creme (V)
(leichte Ausnahme)
(Titelfoto)

für 4 Personen

Zubereitungszeit: 10 Minuten
Kühlzeit: 2 Stunden

Zutaten:

4	Eier
12	petits suisses mit 30 % Fettgehalt (kleine runde Doppelrahmfrischkäse)
3 EL	fettarme Sahne
40 ml	Grand Marnier
3 EL	Fruktose

Eigelb mit Fruktose verquirlen, Eiweiß steif schlagen.

Frischkäse und Sahne verrühren, nacheinander Grand Marnier und Eigelbmasse zufügen.

Den Eischnee vorsichtig unterheben, so dass eine lockere Creme entsteht.

Die Creme 2 Stunden in den Kühlschrank stellen.

Kühl servieren.

Mangosorbet (V)
(leichte Ausnahme)

FÜR 4 PERSONEN

Zubereitungszeit: 10 Minuten
Kühlzeit: 3 Stunden

ZUTATEN:

- 2 reife Mangofrüchte (450 g Fruchtfleisch)
- 100 g Kondensmilch (teilentrahmt und ohne Zucker)
- 2 EL Zitronensaft
- einige Tropfen Vanillearoma
- 2 EL Fruktose

Mangos schälen und die Kerne entfernen. Das Fruchtfleisch in kleine Stücke schneiden.

Mangostückchen mit Kondensmilch, Zitronensaft, Vanillearoma und Fruktose im Mixer pürieren, so dass eine lockere Creme entsteht.

Die Creme etwa 3 Stunden ins Gefrierfach stellen. In Form von Eiskugeln servieren.

TIPP:
Es empfiehlt sich, eine Eismaschine zu verwenden.

Moelleux au Chocolat (V)
(leichte Ausnahme)

für 4 Personen

Zubereitungszeit: 20 Minuten
Kochzeit: 10 Minuten

Zutaten:

250 g	Bitterschokolade mit mindestens 70 % Kakaoanteil
5	Eier
1/2 Glas	Milch
1 Prise	Salz

200 g Schokolade mit Milch im Wasserbad schmelzen. Eier trennen, Eiweiß mit Salz steif schlagen. Eigelb zufügen und so lange weiterschlagen, bis eine homogene Masse entstanden ist.

Die Mischung zur Schokolade geben. Das Ganze unter ständigem Rühren im Wasserbad erhitzen, bis ein weicher Teig entstanden ist, der die Konsistenz von Rührei hat (durch das Erhitzen der Eier).

Den Teig 2 cm dick auf ein Backblech streichen, abkühlen lassen.

In der Zwischenzeit restliche Schokolade mit 4–5 EL Wasser im Wasserbad schmelzen und die abgekühlte Schokoladenmasse damit überziehen.

Warm oder kalt servieren (zuvor 1 Stunde in den Kühlschrank stellen). Nach Belieben mit Schlagsahne garnieren.

Tipp:

Wenn die Nachspeise im Kühlschrank aufbewahrt wird, sollte sie 2 Stunden vor dem Verzehr herausgenommen werden.

MOUSSE AU CHOCOLAT (V)
(leichte Ausnahme)

FÜR 6 BIS 8 PERSONEN

Zubereitungszeit: 25 Minuten
Kochzeit: 10 Minuten
Kühlzeit: 5 Stunden

ZUTATEN:

400 g	Bitterschokolade mit mindestens 70 % Kakaoanteil
8	Eier
1/2	Glas Rum (70 ml)
4 TL	löslicher Kaffee
1 Prise	Salz

Schokolade zerkleinern und in einen Topf geben. Den Kaffee in einer halben Tasse Wasser auflösen und mit dem Rum zur Schokolade geben.

Schokolade unter Rühren im Wasserbad schmelzen.

Eier trennen, Eiweiß mit Salz steif schlagen.

Schokolade in einer Schüssel abkühlen lassen, unter kräftigem Rühren Eigelb zufügen. Den Eischnee nach und nach unterheben, so dass eine lockere Creme entsteht.

Vor dem Servieren mindestens 5 Stunden in den Kühlschrank stellen.

TIPP:

Diese Nachspeise lässt sich mit Orangenschale verfeinern.

Rote-Beeren-Gratin (V)
(leichte Ausnahme)

Für 8 Personen

Zubereitungszeit: 10 Minuten
Backzeit: 25–30 Minuten

Zutaten:

750 g Erdbeeren
750 g Himbeeren
5 Eier
1/2 l teilentrahmte Milch
200 g fettarme Sahne
4 EL Fruktose

Erdbeeren halbieren und mit den Himbeeren abwechselnd in eine feuerfeste Form schichten, dabei jede Schicht dünn mit Sahne bestreichen. Mit einer Himbeerschicht abschließen.

Eier mit Milch und Fruktose verquirlen, über die Beeren gießen. Das Ganze im vorgeheizten Backofen bei 200 °C (Stufe 6) 25–30 Minuten backen.

Warm oder kalt servieren.

SCHLAGSAHNE (V)
(leichte Ausnahme)

FÜR 4 PERSONEN

Zubereitungszeit: 15 Minuten
Kühlzeit: 30 Minuten

ZUTATEN:

250 g Sahne mit 30 % Fettgehalt
• Vanillearoma

Die Sahne und die Schüssel, in der die Sahne geschlagen wird, 30 Minuten ins Gefrierfach stellen.

Sahne mit dem Rührgerät fast steif schlagen, 2–3 Tropfen Vanillearoma zufügen, Sahne fertig schlagen.

Kühl stellen und z.B. mit roten Beeren servieren (Himbeeren, Erdbeeren, Johannisbeeren, Brombeeren).

TIPP:

Man kann auch 1-2 EL Kakaopulver in die fast steif geschlagene Sahne geben.

Bei heißem Wetter die Schüssel, in der die Sahne geschlagen wird, in eine größere mit Eiswürfeln gefüllte Schüssel stellen.

Anmerkung:

Diese Nachspeise zählt zu den leichten Ausnahmen, da das zuckerhaltige Vanillearoma in Verbindung mit Erdbeeren oder Himbeeren verzehrt wird, die nur Fruktose enthalten.

Erdbeeren oder Himbeeren mit/oder ohne Schlagsahne stellen damit die beste Nachspeise von Phase II dar und sind die einzigen Desserts, die man sich in Phase I nach einer Eiweiß-Fett-Mahlzeit ab und zu gönnen darf.

Schokoladensoufflé (V)
(leichte Ausnahme)

FÜR 6 PERSONEN

Zubereitungszeit: 15 Minuten
Backzeit: 20 Minuten

ZUTATEN:

200 g Bitterschokolade mit mindestens 70 % Kakaoanteil
5 Eier
40 ml Milch
25 g fettarme Sahne
• einige Tropfen Zitronensaft

Den Ofen auf 190 °C (Stufe 5–6) vorheizen. Schokolade im Wasserbad schmelzen, von der Kochstelle nehmen. Mit einem Schneebesen Milch, Sahne und Eigelb hineinschlagen.

Eiweiß mit Zitronensaft steif schlagen und nach und nach unterheben.

Eine Souffléform (Durchmesser 17 cm) mit Butter ausstreichen, die Soufflémasse hineinfüllen und im Ofen auf der untersten Schiene 20 Minuten backen.

Sofort servieren, damit das Soufflé nicht zusammenfällt.

Vorschläge für Montignac-Buffets

VORSCHLÄGE FÜR MONTIGNAC-BUFFETS

Wer sich den Prinzipien der Montignac-Methode verschrieben hat, denkt nur mit Schrecken an herkömmliche Cocktailempfänge, auf denen ausschließlich Minisandwiches und Canapés aus Weißbrot, Blätterteigpastetchen und Minipizzen angeboten werden.
Die Vorstellung von süßem Gebäck oder mehrstöckigen Torten lässt sogar den tolerantesten Anhänger der Montignac-Methode verzweifeln.

In meinen ersten Büchern wird kurz dargelegt, wie man sich in einer derartigen Situation richtig verhält, vor allem dann, wenn man sich in Phase I befindet.

Natürlich wäre es am besten, wenn man die Gewohnheiten der Party-Services dahingehend ändern könnte, dass sie akzeptable Appetithappen anbieten.

Viele sind bereits dazu übergegangen, ihr Buffetangebot durch originelle Kreationen zu erweitern.

Diesen Kreationen sind keine Grenzen gesetzt, da unzählige Kombinationsmöglichkeiten bestehen.

Es folgt nun eine Auflistung von Lebensmitteln, aus denen sich ein „Montignac-Buffet“ zusammenstellen lässt. Die Ausgestaltung bleibt jedem selbst überlassen.

GEMÜSE:

Blumenkohl
Champignons
Chicorée
Gewürzgurken
Gurken
Lauch
Palmherzen
Paprika
Rettich
sämtliche Salate
Schwarzwurzeln
Sellerie
Spargel
Tomaten, Cocktailtomaten

EIER:

Eischeiben
Fischeier
Tauben- oder Wachteleier

KÄSE:

Cheddar
Emmentaler
Feta
Gouda
Kräuterfrischkäse
Mozzarella
Roquefort

WURST:

Dauerwurst
Gänseleber
Knoblauchwurst
Schinken, gekocht
Schinken, roh
Würstchen

FISCH UND KRUSTENTIERE:

geräucherter Fisch: Schellfisch, Forelle, ...
Hering
Krabben
Krebs
Miesmuscheln
Räucherlachs
Scampischwänze
Surimi
Thunfisch

GEFLÜGEL:

geräucherte Entenbrust
Hühnerbrust
Putenbrust

KALTER BRATEN:

Kalbsbraten
Putenbraten
Rinderbraten
Schweinebraten, ...

Für die Zubereitung von Nachspeisen in entsprechend kleinen Portionen siehe Rezeptvorschläge.

Schlussbemerkung

Die Zusammenstellung dieser Rezepte beruht auf einfachen, der Montignac-Methode zugrunde liegenden Prinzipien:

- Auswahl von Kohlenhydraten mit einem niedrigen oder sehr niedrigen glykämischen Index, vor allem ballaststoffreiche Nahrungsmittel;
- bevorzugter Verzehr von einfach ungesättigten Fetten (Olivenöl, Gänsefett) oder Gleichgewicht zwischen guten und schlechten Fetten im gleichen Rezept (Olivenöl/Crème fraîche);
- Verzicht auf raffinierte Lebensmittel:
  - Weißmehl (z.B. Saucenzubereitung besser mit Champignonpüree);
  - Zucker (Verwendung von Früchten oder – in Ausnahmefällen – Fruktose);
  - weißen Reis, Nudeln und Grieß (Verwendung von Vollkornprodukten);
- Verzicht auf Kartoffeln, Mais und gekochten Karotten, da sie einen hohen glykämischen Index aufweisen;
- evtl. Verwendung von Gelatine (im ernährungswissenschaftlichen Sinne ein neutrales Protein) für die Herstellung von Cremes und Terrinen.

Unter Berücksichtigung dieser Grundprinzipien werden unsere Leser bestimmt sehr schnell eine Vielzahl eigener Rezepte kreieren. Daher wenden wir uns mit der Bitte an Sie, diese dem Verlag zuzusenden.

Übersicht über die Rezepte für Phase I

VORSPEISEN

SUPPEN

AUFLÄUFE UND TERRINEN

ROHKOST/GEMÜSE

SALATE

EIERSPEISEN

FISCH, WEICH- UND KRUSTENTIERE

HAUPTGERICHTE

EIERSPEISEN

FLEISCHGERICHTE

GEFLÜGELGERICHTE

FISCH, WEICH- UND KRUSTENTIERE

GEMÜSEBEILAGEN

KOHLENHYDRATHALTIGE GERICHTE

(V): Diese Gerichte sind für vegetarische Ernährung geeignet. (Wenn Sie die Fleisch- bzw. Hühnerbrühe durch Gemüsebrühe ersetzen, sind auch alle Suppen für die vegetarische Ernährung geeignet).

Übersicht über die Rezepte für Phase II

VORSPEISEN

HAUPTGERICHTE

NACHSPEISEN

SEHR LEICHTE AUSNAHMEN

LEICHTE AUSNAHMEN

(V): Diese Gerichte sind für vegetarische Ernährung geeignet.

Inhaltsverzeichnis

Anhang 1

A

B

C

E

WEITERE INFORMATIONEN

Hans Finck / Michel Montignac

DIE MONTIGNAC-METHODE FÜR EINSTEIGER

Abnehmen ohne zu hungern
Schlank & fit für immer

Preis: [D] € 12,80 • [A] € 13,20 • sFr 21,80

ISBN: 3-930989-13-1

Vor über zehn Jahren entdeckte der französische Ernährungsfachmann Michel Montignac den Zusammenhang zwischen moderner Ernährung, Blutzuckerspiegel, Insulin und Gewichtszunahme. In seinen Ernährungsratgebern, die europaweit bereits über 15 Millionen Mal verkauft wurden, beschreibt er den Ausweg aus der Ernährungsfalle, die so viele Menschen in aller Welt scheinbar unaufhaltsam übergewichtig werden lässt.

Zunächst wurde Michel Montignac nicht ernst genommen. Mittlerweile ist seine Methode jedoch durch viele Studien wissenschaftlich bewiesen. Unzählige Diätverdrossene sind mit Michel Montignacs Hilfe schlank geworden und schlank geblieben.

In dieser Kurzeinführung fasst der deutsche Medizinjournalist und Fachautor Hans Finck zusammen mit Michel Montignac noch einmal alle wesentlichen Elemente der Methode in knapper, klarer und übersichtlicher Form zusammen. So können Sie sich rasch informieren und sich sofort am eigenen Leib von der Wirksamkeit der Montignac-Methode überzeugen.

Die wissenschaftlich bewiesene Methode zur Gewichtsreduktion mit Langzeiterfolg sowie zur Cholesterinspiegelsenkung

Michel Montignac

DIE MONTIGNAC-METHODE

... essen und dabei abnehmen

Preis: [D] € 14,80 • [A] € 15,30 • sFr 25,80
ISBN: 3-930989-11-5

Eine große amerikanische Studie aus dem Jahr 1997 hat gezeigt, dass man paradoxerweise trotz verminderter Nahrungszufuhr und gleichbleibender Bewegung weiter zunehmen kann.

Diese Feststellung traf Michel Montignac schon vor mehr als zehn Jahren in der ersten Version seines Buchs «Je mange donc je maigris» (Ich esse, um abzunehmen), das seitdem in zahlreichen Ländern einer der größten Bestseller seiner Sparte geworden ist.

Michel Montignac zeigt, dass Übergewicht und Fettleibigkeit nur aus einer falschen Nahrungsmittelauswahl resultieren, die Stoffwechselprozesse auslöst, die wiederum zur Gewichtszunahme führen. Er erklärt, warum kalorienreduzierte Diäten abwegig und immer zum Scheitern verurteilt sind. Man versteht jedoch vor allem, warum es ausreicht, die Ernährungsgewohnheiten umzustellen, um überflüssige Pfunde zu verlieren, ohne danach wieder zuzunehmen.

In dieser neuen, komplett überarbeiteten Version des Buches sind die Ernährungsprinzipien des Autors noch ausgewogener und seine Aussagen somit noch überzeugender. Denn mittlerweile kann er sich auf die Erfahrung von Hunderten von Ärzten stützen, die seit über zehn Jahren die Methode verordnen, sowie auf zahlreiche wissenschaftliche Studien, die in den letzten Jahren veröffentlicht wurden.

Michel Montignac

MEINE REZEPTE AUS DER PROVENCE

200 schmackhafte und einfache Rezepte nach der Montignac-Methode

Preis: [D] € 17,80 • [A] € 18,30 • sFr 29,80
ISBN: 3-930989-04-2
Zahlreiche Farbabbildungen

Seit Michel Montignac vor mehr als zehn Jahren den Grundstein für eine neue Ernährungsphilosophie legte, zeigt er uns, dass die Ernährung ein entscheidender Faktor für die Gesundheit ist. Durch eine einfache Umstellung der Ernährungsgewohnheiten lässt sich nicht nur ein ideales Körpergewicht erreichen bzw. aufrechterhalten, sondern auch den meisten Zivilisationskrankheiten vorbeugen.

Dieses Kochbuch ist für alle Anhänger der Montignac-Methode, die die Prinzipien der »ernährungsbewussten feinen Küche« bereits anwenden. Es richtet sich an all diejenigen, denen für die Zubereitung von Mahlzeiten (einschließlich Festtagsessen) nur wenig Zeit zur Verfügung steht und die trotzdem auf eine gesunde, schmackhafte und auch feine Küche Wert legen.

Die zweihundert Rezeptvorschläge sind hauptsächlich von der mediterranen Ernährungsweise beeinflusst, die heute offiziell als die gesündeste der Welt gilt. Die Rezepte zeichnen sich dadurch aus, dass sie einfach, schnell und praktisch sind und bis auf ein oder zwei Ausnahmen aus gängigen und preiswerten Zutaten hergestellt werden können. Viele Rezepte sind auch für Vegetarier geeignet.

Zweihundert einfache, schnelle und praktische Rezeptvorschläge der mediterranen Ernährungsweise, hergestellt aus gängigen und preiswerten Zutaten. Viele Rezepte sind auch für Vegetarier geeignet.

Gabriele Lehner

SATT & SCHLANK

Die deutsche Küche nach der Montignac-Methode

Preis: [D] € 17,80 • [A] € 18,30 • sFr 29,80
ISBN: 3-930989-10-7
Zahlreiche Farbabbildungen

Solange Gabriele Lehner zurückdenken kann, haben Essen, Kochen, Backen und Diäten in ihrem Leben eine große Rolle gespielt.
Noch zu Hause bei Eltern und Großmutter lernte sie die traditionelle, oftmals kalorienreiche fränkische Küche kennen und übte sich bereits früh im Kochen und Back- en. Später verwöhnte sie ihre eigene Familie mit ihrem Hobby, und ein gutes gemeinsames Essen wurde zu einem wichtigen Bestandteil des Familienlebens. Leider blieben diese Gaumenfreuden nicht ungestraft, so dass zwangsläufig immer wieder neue Diäten von ihr und ihrem Mann ausprobiert wurden. Der Erfolg dieser Abmagerungskuren war jedoch meist nur von kurzer Dauer.
Wie viele andere Anhänger der Montignac-Methode haben auch Gabriele Lehner und ihre Familie den Tipp, es mal mit Montignac zu probieren, von Freunden bekommen. Innerhalb eines Vierteljahres (Phase I) bestätigte sich der Erfolg der Methode: Ihr Mann hatte 16 kg abgenommen, ihre Mutter 17 kg. Sie selbst kann seit dieser Zeit ihr Wohlfühlgewicht problemlos halten.
Auf den Geschmack gekommen, sich »bewusst« zu ernähren, aber auch angeregt durch die Kritik ihrer damals 13-jährigen Tochter, reifte in ihr der Gedanke, ihre deutsche Küche »montignac-fähig« zu machen.
Das Ergebnis ist dieses Buch, das sowohl für Neulinge als auch für »alte Hasen« der Montignac-Methode gleichermaßen geeignet ist.

**Zweihundert wohlschmeckende Rezepte, für jeden Anlass,
oft einfach und schnell zubereitet, dem deutschen Alltagsleben angepasst,
mit gängigen Zutaten aus dem Supermarkt, dem Reformhaus oder dem Bioladen.
Überzeugen Sie sich einfach selbst von der deutschen Küche
nach der MONTIGNAC-METHODE!**

Michel Montignac

KOCHEN, ESSEN UND DABEI ABNEHMEN BAND 1

Rezepte nach der Montignac-Methode

Preis: [D] € 17,80 • [A] € 18,30 • sFr 29,80
ISBN: 3-930989-15-8
Zahlreiche Abbildungen

»Kochen, essen und dabei abnehmen Band 1« – ein Rezept-buch der besonderen Art, denn alle Rezepte sind auf die von Michel Montignac begründete, nach ihm benannte und seit mehr als zehn Jahren bewährte Montignac-Methode abgestimmt. Die zahlreichen brillanten Farbabbildungen lassen dem Betrachter regelrecht »das Wasser im Munde zusammenlaufen«.
Das ernährungswissenschaftliche Konzept der Montignac-Methode beruht auf einer einfachen langfristigen Umstellung der Essgewohnheiten, deren positive Wirkung bereits von mehreren Studien wissenschaftlich bewiesen wurde. Dabei handelt es sich nicht um eine Diät des radikalen Verzichts, sondern um eine gesundheitsfördernde Ernährungsumstellung, die uns, falls wir wie so viele, nach jahrelangen kalorienreduzierten Diäten völlig den Spaß am Essen verloren haben, wieder mit der Lust und Freude am Essen versöhnt.

In diesem Rezeptbuch finden Sie eine Fülle von Vorschlägen, die sich leicht nachkochen lassen und nicht nur zum Abnehmen geeignet sind, sondern auch einer Gewichtszunahme vorbeugen und sich positiv auf Ihre Gesundheit und Vitalität auswirken sowie das allgemeine Wohlbefinden steigern.

Wer die MONTIGNAC-METHODE bereits kennt oder sie gerade neu entdeckt, wird anhand dieses Buches mit Begeisterung feststellen, dass Gesundheit, Ernährungswissenschaft und feine Kochkunst hervorragend zusammenpassen.

Michel Montignac

KOCHEN, ESSEN UND DABEI ABNEHMEN BAND 2

Rezepte nach der Montignac-Methode

Preis: [D] € 17,80 • [A] € 18,30 • sFr 29,80
ISBN: 3-930989-16-6
Zahlreiche Abbildungen

»Kochen, essen und dabei abnehmen Band 1« wurde zu einem Bestseller. Dieser zweite Band ist eine Fortsetzung der kulinarischen »Schlankküche« Michel Montignacs. Die Rezepte sind noch leichter und schneller zuzubereiten als die in Band 1. Der Autor berücksichtigte bei dieser Ausgabe außerdem in starkem Maße die Hinweise und Tipps seiner Leser.
Neu sind die Vorschläge für Frühstück, Zwischenmahlzeiten sowie Getränke.

Im 21. Jahrhundert werden der Ernährungswert sowie die Gesundheit und Freude, die von der regelmäßigen Anwendung Montignacs kulinarischer Vorschläge hervorgehen, weiter an Priorität gewinnen.
Alle Rezepte sind auf die von Michel Montignac entwickelte, nach ihm benannte und seit mehr als 10 Jahren bewährte Methode abgestimmt. Ein Menüplan für 15 Wochen erleichtert den Einstieg.
Der überwältigende Erfolg dieser Methode beruht einerseits auf der Tatsache, dass Übergewichtige innerhalb kurzer Zeit deutlich abnehmen und auch ihr Gewicht ohne zu hungern oder sich spürbar einzuschränken halten können. Andererseits beeinflusst die gesunde und ausgewogene Ernährung das Wohlbefinden, die Vitalität und auch die Leistungsfähigkeit äußerst positiv.

Wenn Sie Band 1 mögen, werden Sie Band 2 lieben!

Ein Menüplan für 15 Wochen erleichtert den Einstieg.

DIE ERSTE PRODUKTPALETTE DER FEINEN KÜCHE

Michel Montignac hat eine Reihe von Produkten entwickelt, die speziell auf seine Methode abgestimmt sind, so dass die Grundprinzipien einer ausgewogenen Ernährung jeden Tag von denjenigen befolgt werden können, die sich einer gesunden Ernährungsweise verschrieben haben. Es handelt sich dabei um ursprüngliche, ballaststoffreiche Produkte ohne Zuckerzusatz, die ausnahmslos einen niedrigen glykämischen Index (Schlüsselwort der Montignac-Methode) aufweisen.

Diese erste Produktpalette der feinen Küche ist unter dem Namen Michel Montignac in etwa 1200 Feinkostgeschäften, Diät- und Bioläden in verschiedenen Ländern erhältlich.

Montignac-Produkte

Diese Produktpalette, bei der ungesättigte Fette und der Verzicht auf Zucker im Vordergrund stehen, beruht auf der Wiederentdeckung des »vollen Korns«. Sämtliche vom Organismus benötigten Nährstoffe sind im Weizenkorn vorhanden (Vitamine, Mineralsalze, Spurenelemente, essentielle Fettsäuren, pflanzliche Proteine und Ballaststoffe).

... JETZT AUCH HIERZULANDE IM HANDEL

Durch das niedrige Ausmahlen von Mehl werden sie jedoch fast alle entfernt, so dass nur noch Stärke übrig bleibt. Mehl aus vollem Korn ist naturbelassen und enthält somit nicht nur sämtliche Nährstoffe, sondern gewährleistet auch einen niedrigen glykämischen Index (35–40 je nach Ausmahlungsgrad gegenüber 70–85 bei Weißmehl).

Dabei sind folgende Produkte besonders zu erwähnen:

- Vollkornbrötchen aus der Bäckerei
- ungezuckerte Fruchtmarmelade aus 100 % Früchten
- Vollkornteigwaren aus Hartweizen aus biologischem Anbau
- Bitterschokolade mit einem hohen Kakaoanteil (72, 85 oder 99 %)
- ballaststoffreiches, ungezuckertes Müsli
- Kompott, Püree, Fruchtsaft, Soja, Trockenfrüchte, Fruktose, Saucen, Gewürze ... unverfälscht hergestellt, ohne Zusatz von Konservierungsmitteln und Zucker
- Reis, Hülsenfrüchte, Öl, Gewürze und provenzalische Saucen

Verkaufsstellen-Information: